**만국의 노동자여
글을 쓰자**

———— 일하는 사람들의 **월간〈작은책〉30주년 특별기획**

만국의
노동자여
글을 쓰자

작은책 엮음

억울하고 답답한 마음

누가 풀어 주나요

직접 써서 알려야죠

플레이아데스
Pleiades

노동자들이 직접 쓴 노동 현장 이야기
일터와 삶터, 연결된 우리, 하나된 노동

- 노동자들이 안전하게 일할 권리 **'기업살인법'**
- 노동3권(단결권, 단체교섭권, 단체행동권) 보장 **'노란봉투법'**
- 달면 삼키고 쓰면 뱉는 해외자본 **'먹튀방지법'**
- 국적은 달라도 노동자는 하나 **'단결하자, 연대하자'**

들어가는 글

"일하는 사람이 글을 써야 세상이 바뀐다"
1987년 노동자 대투쟁의 성과 이어 갈 노동자 글쓰기

월간 〈작은책〉은 1987년 노동자 대투쟁의 산물이라고 할 수 있습니다. 1987년 7월 현대엔진 노조가 건설되었고 이후 1989년에는 노동조합 조직률이 급격히 높아졌습니다. 노동 현장에서 노동자들은 스스로의 삶을 기록하고 알려야 할 필요를 느꼈고, 그사이 여기저기서 노동조합회보(노보)가 발행되었습니다. 당시 보리출판사 영업 담당자가 울산, 창원, 거제, 경인 지역 등지에 노조가 생긴 곳을 찾아가 노보를 모았습니다. 그 노보들을 보면 결이 두 갈래인데, 하나는 운동권 용어로 어렵게 쓰인 노보였고, 다른 하나는 투박하고 거칠지만 쉬운 말로 제 이야기를 담은 노보였지요. 힘든 처지에 애써 글을 쓴 현장 노동자들의 '살아 있는 글'을 노보에 가둬 놓아, 몇 사람만 읽게 한다는 것은 안타까운 일이었습니다. 그래서 1995년 〈작은책〉이 정기 간행물로 나오기 전에 2년 동안 현장 노동자들의 생활글을 모아 '무크' 형식으로 묶어서 〈함께 산다는 것은〉, 〈우리 하나 되는 날〉, 〈박힌 돌이 되기까지〉, 이렇게 3권을 두루 나눠 보았습니다. 이것이 〈작은책〉의 출발입니다.

1995년 3월, 〈작은책〉 '창간 준비호'를 내면서 엮은이 차광주 씨가 이렇게 말합니다.

"저희한테는 오래전부터 꿈이 있었어요. 노동하는 사람들을 만나고 노동하는 사람들이 살아가면서 겪는 생생한 이야기를 들으면서 노동하는 사람들이 겪은 파란만장한 세상의 모습도 배우고, 노동하는 사람들이 세상을 바라보는 눈도 배우고, 노동하는 사람들이 터득한 세상을 살아가는 지혜도 배우고 싶은 거였죠."

이어서 1995년 5월 1일, 〈작은책〉 창간호가 세상에 나왔습니다. 당시에 사람들이 이렇게 걱정을 했답니다. "요새 같은 분위기에 '노동' 자가 들어가면 쳐다보지도 않는 세상에 〈작은책·노동자 글모음〉을 꾸준히 계속해서 낼 수 있는 여력이 있느냐? 한 몇 개월 내다가 그만 내는 게 아니냐?"

세상에! 창간호 때부터 앞으로 얼마나 갈까, 둘레에서 걱정해 주던 〈작은책〉이 창간 30주년을 맞았습니다. 〈작은책〉이 지금까지 버텨 온 것은 독자님들과 원고료를 생각하지 않고 다달이 글 써 주시는 필자님들 덕분입니다. 또 어려움을 겪을 때마다 물심양면 힘을 보탠 보리출판사, 〈작은책〉에서 한솥밥 먹던 일꾼들, 〈작은책〉 30년 중 17년을 몸담고 헌신한 안건모 전 대표, 그리고 편집자문위원과 편집위원 여러분도 빼놓을 수 없지요. 이 지면을 빌려 고마운 마음 전합니다.

그동안 〈작은책〉에 실린 글들을 엮어 '노동자 글모음' 단행본 다섯 권을 펴냈습니다. 더 많은 사람들이 지나간 과거의 흔적을 살펴볼 수 있게끔, 지난 25년간 웃음과 눈물을 짓게 하던 글을 5년 단위로 갈라 묶어 《우리보고 나쁜 놈들이래!》, 《누가 사장 시켜 달래?》, 《도대체 누가 도둑놈이야?》, 《서로 안고 크니까 그렇지》, 《이만하면 잘 살고 있는 걸까?》를 냈습니다. 이 책들은 지난 25년간 한국 사회를 비추는 거울이기도 했습니다.

이번에 〈작은책〉 30주년 기념으로 내는 책은 조금 특별합니다. 25주년 이후 실린 글들 가운데 산재와 노동법 2, 3조 개정 취지에 맞는 내용들을 주제별로 모아, '노동자들이 쓴 노동 현장 이야기'를 엮었습니다.

"만국의 노동자여, 글을 쓰자!"

이렇게 제목을 정하고 처음 든 생각은, '아, 촌스럽다.' 그런데 '"만국의 노동자여, 단결하라!"는 해마다 노동절에 외치는 구호 아닌가? 그러고 보니 입에 착 붙네! "만국의 노동자여, 글을 쓰자!" 이거 완전 〈작은책〉에 딱 맞는 제목이야!'

〈작은책〉에 실린 치열한 노동자의 삶, 현장의 이야기를 엮어서 펴내 준 도서출판 플레이아데스에 고마움을 느낍니다.

"저는 여전히 노동자 민중의 자기 역사 쓰기가 세상을 제대로 보고 세상을 바꾸는 데 도움이 될 수 있다고 생각해요. 그런 글쓰기를 촉구하고 꾸준히 발굴하여 실어 주는 매체가 얼마나 소중한지 몰라요. 자본이 노동자들의 일상까지 속속들이 지배하는 천박한 자본주의 체제에서 〈작은책〉 같은 잡지라도 있어 줘야 하지 않겠어요. 달마다 어렵게 글을 모아 거르지 않고 책을 내는 일이 어렵다는 것을 잘 알아요.

그래도 의미 있고 가치 있는 일이니까 즐기면서 모질게 버텨 나갔으면 좋겠습니다."(박준성)

"나는 〈작은책〉에 실린 작은 이들의 이야기가 나중에 이 나라 남녘땅에 가장 값진 '민중사'의 기록으로 남으리라고 확신한다. 아마 뒷사람들은 이분들이 쓴 글을 서중석이나 한홍구 같은 이 시대 가장 뛰어난 현대 역사학자들이 쓴 책보다 훨씬 더 소중한 1차 자료로 여기리라."(윤구병)

30년 전 〈작은책〉이 세상에 나올 수 있게 힘을 보탠 철학자 윤구병 선생과 〈작은책〉 필자이자 편집자문위원인 역사학자 박준성 선생이 〈작은책〉 창간 20주년 때 주신 글입니다. 벌써 10년이 지났는데도 이 글은 여전히 큰 울림을 줍니다. 출판사 살림이 어려워 앞으로 얼마나 더 다달이 잡지를 낼 수 있을지 막막할 때가 있었지만, 이 글에서 얻은 힘으로, 자부심으로 버텨 왔습니다. 앞으로도 35주년, 40주년, 이 글은 유효하리라 확신합니다.

〈작은책〉은 이미지와 영상이 주류가 된 시대, 점점 책을 읽지 않는 세태를 탓하지 않고, 앞으로도 변함없이 우리 곁의 작고 낮은 이들의 목소리를 담아내려고 합니다. 〈작은책〉이 줄곧 한길을 걸어올 수 있었던 까닭은 '노동자 글쓰기가 세상을 바꿀 것'이라는 믿음 때문입니다. 〈작은책〉이 세상을 바꿀 수는 없어도, 〈작은책〉을 읽는 사람들이 세상을 바꿀 수 있을 것이라는 희망의 끈도 놓지 않겠습니다.

"일하는 사람이 글을 써야 세상이 바뀐다." 이오덕 선생의 노동자 글쓰기 철학이 담긴 창간 정신을 붙잡고 달려온 30년. "노동자 글쓰기 운동이 널리 퍼져서 노동하는 사람들이 삶을 더욱더 풍부하게 가꿀 수 있으면 좋겠다."고 하신 말씀 새기면서 앞으로도 〈작은책〉 잘 꾸려 가겠습니다.

마지막으로 덧붙이고 싶은 이야기는, 일터에서 진솔한 자기 목소리를 글에 담아 전하는 수많은 노동자와 독자야말로 〈작은책〉의 진정한 주인이라는 겁니다. '들어가는 글' 쓰면서 〈작은책〉의 역사를 돌아보다가, 혼자 벅찬 마음을 다독이다가, 쓰다듬다가 이럽니다.

"애썼다. 오래, 잘 버텼다. 앞으로도 나아가자."

유이분 | 월간 〈작은책〉 발행인

차례

들어가는 글 006

1장 • 참사와 죽음을 딛고 일어설 우리

아들 사망신고라도 하고 싶습니다 020
김현주 | 제4회 작은책 생활글 공모전 작은책상

죽음에 순서는 없지만 계급은 있다 028
권미정 | 사단법인 김용균재단 운영위원장,
아리셀 중대재해 참사 대책위원회 성원

이재학이라는 사람 035
이대로 | 세상에서 가장 듬직한 형의 동생

그날 헬기는 무엇을 실어 날랐나 039
이창근 | 금속노조 쌍용자동차지부 사무국장

삶은 방전도 필요하다 046
이창근 | 금속노조 쌍용자동차지부 전 기획실장

유가족이 본 노동시간 개편안 051
김예숙 | 대신전선 고 최완순 님 부인

연대하는 세상으로　　　　　　　　　　　　　　　　　　056
마혜진 | 고 마채진 님의 유가족

북극항로만 가면 아픈 까닭　　　　　　　　　　　　　　065
이현진 | 공공운수사회서비스노조 대한항공직원연대지부

저번 하청업체는 그냥 해 주시던데요　　　　　　　　　071
김환민 | 전국IT산업노동조합 위원장

잊지 않을게요, 고 김동호 님　　　　　　　　　　　　　079
권동희 | 법률사무소 '일과사람' 공인노무사

2장 • 플랫폼 노동, 그 정거장엔?

초짜 탁송 기사의 하루가 100년 같던 날　　　　　　　088
권택흥 | 제4회 작은책 생활글 공모전 우수상

쿠팡을 하다　　　　　　　　　　　　　　　　　　　　099
이동수 | 〈작은책〉 독자

부모가 죽어도 나와야 하는 직업　　　　　　　　　　　111
이용덕 | 택배노동자

대우받고 싶으면 공부해서 대기업 다니지　　　　　　118
최효 | 공공운수노조 쿠팡물류센터지회 인천분회 부분회장

아들의 죽음, 쿠팡의 과태료는 10만 원 — 125
박미숙 | 쿠팡 칠곡물류센터 고 장덕준의 엄마

나는 10년 차 여성 대리운전 기사다 — 131
이미영 | 대리운전 노동자, 카부기상호공제회 공동대표

3장 • 非, B, 悲 비정규직, 부정당하는 노동

밥 먹듯 노동자 꽃길 만들기 — 140
윤경신 | 제4회 작은책 생활글 공모전 최우수상

어느 날, 학교 비정규직이 됐다 — 148
박내현 | 제3회 작은책 생활글 공모전 작은책상

출근 시간이 없는 직장 — 156
신주리 | 백화점면세점판매서비스노조 삼경무역지부 사무국장

경비원도 사람이다 — 163
박현수 | 민주노총 전국민주일반노조 서울본부 조직부장

돌아온 관광객, 돌아오지 못한 호텔리어 — 169
허지희 | 28년간 일한 세종호텔에서 해고된 후
복직을 위해 싸우는 뜨거운 아줌마

회사 오면 나는 을이다 — 175
엄익복 | 생협 실무자

안전하고 싶다면 노동조합을   **180**
이병조 | 금속노조 현대위아 창원비정규직지회 사무장

우아하고 당당한 '콜센타 그 언니'   **187**
변지현 | 금속노조 유베이스수원지회 사무장

4장 • 먹튀, 달면 삼키고 쓰면 뱉는…

아빠, 동지가 뭐야?   **196**
최현환 | 금속노조 한국옵티칼하이테크지회 지회장

우리에겐 '먹튀방지법'이 필요합니다   **204**
이훈 | 민주노조를깨우는소리 호각 활동가

3288일의 해고, 이젠 끝나려나?   **211**
이훈 | 민주노조를깨우는소리 호각 활동가

먹튀 펀드가 국민 밀폐용기에 저지른 일   **219**
손세호 | 민주노총 전국화학섬유식품산업노동조합 락앤락지회

5장 • 연결된 우리, 하나된 노동

내 일은 어항 관리였어요　　　　　　　　　　228
조화영 | 제3회 작은책 생활글 공모전 최우수상

오렌지꽃은 바람에 날리고　　　　　　　　　237
박애리 | 제2회 작은책 생활글 공모전 최우수상

요양보호사의 인권은 없나　　　　　　　　　244
이은복 | 요양보호사

학생들이 기댈 수 있는 든든한 언덕이 되고 싶었을 뿐인데　　249
지혜복 | 민주노총 전국교직원노동조합 서울지부

나는 매일 밤 울었다　　　　　　　　　　　257
소부즈 | 이주노동자

노동력이 아닙니다, 사람입니다　　　　　　　263
짠나 | 캄보디아에서 온 노동자 (통역: 김이찬 | 지구인의 정류장 대표)

다수를 위한 일　　　　　　　　　　　　　268
김유진 | 제1회 작은책 생활글 공모전 작은책상

많이 또 보았다. 청년모임 마니또 비긴즈　　　275
최한솔 | 안산시비정규직노동자지원센터 노무사

이제, 봄바람에 날려 갈 먼지 한 톨의 힘　　　282
김경민 | 제4회 작은책 생활글 공모전 우수상

부록

세상을 바꾸는 글쓰기 모임   **292**

말로 쓰는 글   **296**

원고를 기다립니다   **300**

〈작은책〉과 희망을 나눠요!   **302**

아무도 미워하지 않는 노동자 죽음의 행렬
'고(故)'가 남긴 고(苦)에서 길을 찾는 이들

2025년 설 연휴 첫날, 우즈베키스탄 청년 노동자가 원주의 한 골재 업체에서 홀로 작업 중 컨베이어 벨트에 끼여 사망했다. 참사는 끊이질 않고, 기업들의 산업재해 안전 불감증은 도를 넘고 있다. 태안화력 청년 노동자의 죽음으로 2018년 개정된 소위 '김용균법'과 2022년 시행된 약칭 '중대재해처벌법'에도 불구하고 전쟁 같은 나날은 계속된다. OECD 국가 산재 사망률 1위의 불명예. 죽음의 노동 현장을 멈춰야 한다. '기업살인법' 제정에 힘이 실리는 이유이다.

1

참사와 죽음을 딛고

일어설 우리

아들 사망신고라도 하고 싶습니다

김현주 | 제4회 작은책 생활글 공모전 작은책상

2024년 6월 16일 오후 12시 58분, 핸드폰 너머 떨리는 목소리가 들렸습니다.

"언니, 우리 아들 죽었대."

짧은 순간 멍하니 시간은 정지되었고, 나는 전주로 가는 기차를 타고 있었습니다. 정신없이 여기저기 연락하면서 도착한 곳은 전북대학교병원 장례식장 앞이었습니다.

순천에서 15년여 동안 친동생처럼 지냈던 동생의 아들은 순천의 한 특성화고를 졸업하고 전주페이퍼에 입사했습니다. 건강했던 만 19세 아들이 입사한 지 6개월 만에 일하다가 쓰러져 사망했다는 믿기지 않는 소식을 들은 것입니다. 그날 그 시각부터 어제의 삶과 내일의 삶은 달라졌습니다. 고인의 엄마와 저는 22일 동안 전주페이퍼 공장 앞에서 싸워야 했습니다.

사망한 당일 오후에 유가족들은 전주페이퍼를 방문해 어둡고 습하고 매캐한 냄새로 가득 찬 고인의 사고 현장을 확인하고, 기숙사에서 고인의 유품을 챙겼습니다. 우리는 고인의 수첩에서 '만 19세 청년 노동자의 소박한 인생 계획'을 만났습니다.

'다른 언어 공부하기, 살 빼기, 내가 하고 싶은 게 무엇인지 생각해 보기, 편집 기술 배우기, 카메라 찍는 구도 배우기, 사진에 대해 알아보기, 악기 공부하기, 경제에 대해 공부하기….'

이 소박한 인생 계획을 제대로 펼쳐 보지도 못한 채, 만 19세 청년 노동자는 홀로 일하다가 유독가스에 노출되어 한 시간 동안 방치된 채 세상을 떠나고 말았습니다. 좋은 회사라고, 큰 회사라고 믿고 보냈던 아들이 '왜, 어떻게 홀로 죽어 가야 했는지' 너무나 당연한 물음에 답을 찾기 위해 유족은 싸워야 했습니다. 순천에서 올라온 엄마는 아들의 억울한 죽음을 밝히기 위해 검은 상복을 입고 전주페이퍼 공장 앞에 분향소를 설치하고 날마다 싸우기 시작했습니다.

모든 게 의혹투성이인 상태로 장례를 치를 수 없었던 유가족은 '책임 있는 사과, 진상규명, 재발 방지 대책'을 요구했습니다. 아들의 억울한 죽음의 의혹을 밝힌 실마리는 전주페이퍼에서 일하는 노동자의 제보를 통해 풀리기 시작했습니다. 2인 1조 작업 수행 매뉴얼이 지켜지지 않고, 유독가스가 발생할 우려가 있는 현장에 호흡 보호 장비를 착용하지 않은 신입 사원이 혼자 투입되었고, 쓰러진 지 50분이 지나서야 고인을 발견했다는 사실을 알 수 있었습니다. 하지만 전주페이퍼 대표이사는 유족을 만난 자리에서 "고인이 요즘 청년 같지 않게 성실하고 업무도 잘 익히고 동료와 관계도 좋고 선배들도 동생처럼 생각하며 지냈다. 하지만 초과 근로도 없었고 그 부서는 30년 동안 재해가 없었던 부서인데, 왜 이런 일이 일어났는지 모르겠다."라고 말했습니다. 안전사고는 아니라고 강조했습니다. 개인의 문제가 있을 수 있다고 말하며 유족의 가슴에 대못을 박았습니다.

고인이 사망한 지 15일째 되는 날인 7월 1일, 전주페이퍼 공장 앞에서 추모문화제를 했습니다. 전주의 노동·시민사회 단체, 고인의 고향 순천을 비롯한 광주·전남에서 많은 분

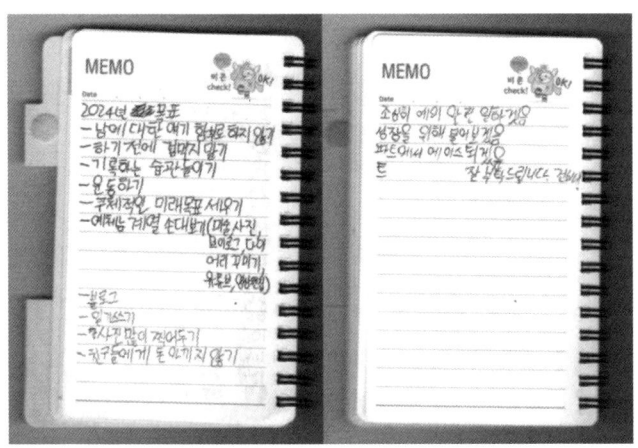

2024년 6월 16일 전주페이퍼 공장에서 숨진 만 19살 노동자의 수첩. 사진 제공_김현주

들이 찾아와 주셨습니다. 유족은 외쳤습니다. 울부짖었습니다.

"회사에서 일하다가 크게 다치면 산재사고로 인정하고, 업무 지시를 받고 일하다 쓰러져 한 시간 가까이 방치되어 숨지면 산재사고도 아니고 안전사고도 아니고, 회사 책임이 아닙니까? 차라리 크게 다쳐 병원에서 아들 손이라도 잡고 병간호라도 했으면 더 좋았을 텐데 생각도 했습니다. 그런데 아들은 세상에 없습니다. '단일 공장 국내 최대 골판지 원지 생산능력과 국내 최대 신문용지 생산능력을 보유하고 있는' 큰 회사답게 제발 유족에게 공식 사과한다, 다시는 이런 일이 일어나지 않도록 모든 작업장 내 안전 점검을 실시하고 재발 방지 대책을 세우겠다고 공식적으로 이야기해 주십시오. 그게 그렇게 어렵습니까? 진심 어린 사과 한마디가 그렇게 어렵습니까?"

7월 2일 국회 기자회견, 환경노동위원장 면담, 국회의장 면담도 진행되면서 전주페이퍼 만 19세 청년 노동자의 죽음은 사회적으로 널리 알려지기 시작했습니다. 하지만 전주페이퍼는 진심 어린 사과와 진상규명, 재발 방지 대책을 세우겠다는 공식적인 답변을 하지 않았습니다. 유족과 노동·시민사회단체의 행동으로 인해 회사의 명예가 실추되어 억울하다는 이야기를 했습니다. 결국 고인이 사망한 지 19일째인 7월 4일 고인의 엄마는 단식에 들어갔습니다. 그 아프고 슬픈 자리에 이태원 참사 전주 유가족들이 함께했습니다. 국가에 의해 자식 잃은 부모가 대기업에 의해 자식 잃은 부모를 위로하는 애처롭고 아름다운 연대는 계속되었습니다.

제 정당, 노동·시민사회단체의 노력으로 만 19세 청년 노동자가 사망한 지 22일 만에 전주페이퍼 대표이사는 유족 앞에 사죄했습니다. 7월 7일 그날은 전주페이퍼 공장 안에서 언론사의 공개 아래 현장 재조사가 실시되었고 고인의 사망 원인이라고 주장했던 황화수소 최대 측정치인 'MAX'가 검출되었습니다. 현장 재조사를 통해 자신의 억울함을 명백히 밝히겠다고 큰소리치던 전주페이퍼는 결국 유족 앞에 머리를 조아리고 사죄하며 재발 방지 대책을 약속했습니다.

7월 8일, 23일 만에 고향인 순천 장례식장으로 향하는 길에 앞을 분간하기 어려울 정도로 억수 같은 비가 쏟아졌습니다. 아직 밝혀지지 못한 진상규명, 꼼꼼히 적은 인생 계획은 펼쳐 보지도 못했고, 사랑하는 엄마와 함께하고 싶은 소박한 일상은 멈췄습니다. 그 억울함이 서러운 눈물로 쉼 없이 쏟아지는 것 같았습니다.

OECD 국가 산재 사망률 1위, 하루에 6~7명의 노동자가 일하다 집으로 돌아오지 못하는 대한민국. 6월 16일 쓰러져 간 여섯 명의 노동자 중 한 명이 어릴 적부터 만나 왔던 만 19세 청년 노동자일 거라고 생각하지 못했습니다. 여전히 수많은 노동자들의 죽음은 기억되지도 기록되지도 못하고 있습니다. "그래도 우리 아들은 행복한 거 같아. 얼마나 많은 노동자들이 억울하게 죽어 가는데. 우리 아들은 이렇게 많은 사람들이 도와주고 있잖아."라고 유족들은 이야기했습니다.

고인은 7월 10일 순천시립추모공원에 잠들었지만 엄마는 아직 사망신고도 하지 않았습니다. 고인이 사망한 지 135일이 지났지만 고용노동부는 경찰 수사를 핑계로 아직까지 중대재해처벌법 적용 여부도 판단하지 못하고 있고, 산재 승인도 감감무소식입니다. 유족은 '이게 산업재해가 아니면 무어란 말이냐, 전주페이퍼를 중대재해처벌법으로 처벌하고 산재 승인하라'고 외치고 있습니다. 그게 그렇게 어렵냐고 또다시 이야기합니다. 고인의 엄마는 산재 승인이라도 나야 조금은 편히 아들을 보낼 수 있다고 합니다.

'다시는' 이런 일이 발생하지 않는 내일을 이야기했지만, '또다시' 제2, 제3의 청년 노동자의 억울한 죽음의 행렬은 이어지고 있습니다. 만 19세 청년 노동자의 죽음으로 우리의 일터가 조금 더 안전할 수 있는 징검다리 하나 놓을 수 있어야, 못다 핀 그의 청춘이 덜 슬플 것 같습니다.

'너는 바로 나'이기 때문입니다. 유족이 힘을 내어 오늘 하루를 살아가는 이유입니다.

수상 소감

 전주페이퍼에 입사한 지 6개월 만에 세상을 떠난 만 19세 청년 노동자의 이야기를 '제4회 작은책 생활글 공모전' 마감날인 10월 31일에 보냈습니다. 한때는 많은 언론매체에 회자되기도 했지만 어느새 잊히고 있는 청년 노동자의 이야기를 누구라도 한 번 더 마주했으면 하는 마음이었습니다. 대상을 받았다는 소식을 듣고 울컥했습니다. 정현이가 우리에게 준 선물 같았습니다. 고인의 엄마에게 소식을 전하며 함께 눈시울을 붉혔습니다. 12월 16일이면 고인이 사망한 지 6개월이 됩니다. 아직도 산재 승인 소식은 없습니다. 고인의 이야기가 실릴 2025년 1월에는 산재 승인 소식과 함께 〈작은책〉을 들고 고인을 만나러 가고 싶습니다.

 '고(故) 이오덕 선생님의 글쓰기 교육 철학과 전태일 열사의 노동자 정신을 이어 온 작은책 생활글 공모전'에서 대상을 받게 되어 큰 영광입니다. 하나밖에 없는 아들을 보내고 하루하루를 살아가는 고인의 유족에게 너무 큰 선물입니다. 감사합니다.

죽음에 순서는 없지만 계급은 있다

권미정 | 사단법인 김용균재단 운영위원장,
아리셀 중대재해 참사 대책위원회 성원

"하나밖에 없는 친동생을 잃어버렸습니다. 아버지는 뇌출혈로 집에 누워 있습니다. 너무 힘듭니다. 동생 시체는 팔과 다리를 다 태워서 몸 하나밖에 없습니다."

지난 8월 중순, 가만히 앉아 있어도 땀이 뚝뚝 떨어지는 때였다. 6월 24일의 아리셀 중대재해 참사 유가족과 대책위원회는 수원지방법원 근처 넓은 길에서 이틀을 먹고 잤다. 저녁 시간에는 시민추모제를 진행했다. 그날 고 김 씨의 오빠는 아리셀 대표이사와 본부장을 구속하라는 요구를 하며 동생의 없어진 팔다리를 말했다.

유가족들은 고인의 시신을 냉동고에 모셔 놓고 사고의

진상규명을, 사과와 배상을 요구하며 또 다른 산재가 발생하지 않는 사회를 만들자고 했다. 아빠를 제대로 빨리 보내 주고 싶어 하는 아이의 고통에, 멀쩡하지 않은 시신이 더 망가지는 걸 참을 수 없는 남은 가족들의 고통 속에, 한여름 더위에 몇 분의 장례를 지냈다. 그리고 싸움은 멈추지 않았다.

아리셀은 에스코넥의 사업부였다. ㈜에스코넥은 삼성 휴대폰 외장 부품을 만들고 납품하는 업체로 2000년에 세워졌다. 2017년에는 1회용이지만 긴 시간 사용 가능한 리튬 일차전지를 생산하는 사업부를 새로 만들었고, 2020년 그 사업부를 분리해서 ㈜아리셀을 설립했다. ㈜아리셀의 대표이사는 에스코넥의 대표이사와 동일 인물인 박순관이다. 박순관의 아들 박중언은 ㈜아리셀의 본부장으로 취임했다. ㈜에스코넥의 재정적 지원을 받아 운영되던 ㈜아리셀에서 2024년 6월 24일 오전 10시 30분에 전지가 폭발하여 화재가 발생했다. 폭발과 화재는 23명이 목숨을 잃는 중대산업재해로, 참사가 되었다.

2024년 국방부에 납품을 시작하면서 아리셀의 기술적 문제가 드러났는데, 회사는 부족한 생산기술력을 감추기 위해 국방부에 보여 주는 시료를 바꿔치기하는 눈속임을 했고

사고 발생 당일(2024. 6. 24) 밤 찾아간 아리셀 현장.
사진 제공_아리셀 중대재해 참사 대책위원회

들켰다. 그런데 국방부는 시정하라는 지시를 하고는 지켜보기만 했다. 2024년 4월, 5월을 넘어서면서 아리셀은 군 납품을 위해 생산량을 늘려야 했는데 작업자가 부족했다. 임금은 최저임금이고 노동환경은 좋지 않고, 유해 위험물질을 다루는 일이라 한국 노동자들은 웬만하면 취업 안 할 조건이었다. 그래서 아리셀은 한국말로 지시해도 알아들을 수 있고, 사업장 변경이나 업종 제한의 제약이 상대적으로 적은 이주노동자(중국 동포 노동자)를 불법 인력 공급업체를 통해 제공받았다.

메이셀이라는 불법 인력 공급업체는 서류상으로는 아리셀 회사 건물 안에 있다. 그런데 실제로는 없다. 아리셀 직원 중에서도 거기서 메이셀이라는 업체를 본 적이 없고, 메이셀 노동자들도 아는 업체 관련자는 통근버스 운전 노동자뿐이었다.

아리셀은 작업자들에게 위험한 게 뭔지, 위급 상황이 생기면 어디로 도망치라든지, 비상구는 어디에 있고 전지 화재나 폭발이 발생하면 어떤 대처를 하라는 교육은 하지 않았다. 회사에 주어진 시간은 아주 빠르게 돌아갔기에, 전지에 열이 나는지 검사하는 시간마저 줄였고, 정교하게 자르고 붙이고 주입해서 전지를 만드는 과정도 겉보기에 멀쩡해 보이면 된다고 했다. 열이 나면 화재와 폭발로 연결될 가능성이 높은 전지의 검사는 작업자가 손으로 쥐어 보는 정도로 이뤄지다가 결국 그 과정마저 생략했다. 열감지기는 없었다. 생산된 제품은 출입문 앞이나 복도에 쌓아 두기 일쑤였고 연쇄 폭발 가능성이 큰데도 제품을 쌓고 쌓게 했다.

애초부터 아리셀은 안전·보건 관련한 예산은 최소한으로 편성했고, 담당 부서 인력은 줄이고 안전·보건 관리자가 퇴사하고 4개월간 공석으로 방치하다가 전지에 대한 기본 지식을 갖고 있지 않은 사람을 안전·보건 관리자로 임명해서 자리를 채워 놓기만 했다.

아리셀과 박순관 대표의 이런 안일한 태도가 전지가 폭

발하거나 화재가 크게 난다는 걸 잘 몰라서이거나 그럴 가능성이 적다고 생각해서라고 여기는 사람이 있다면, 그 생각은 착각이다. 이미 박순관 대표와 아들 박중언 본부장은 아리셀과 같은 제품을 생산하는 공장에서 전지 폭발로 큰 화재가 났다는 걸 알고 있었고, 두 사람은 그 주제로 논의도 했다. 아리셀 내에서도 전지가 폭발한 적도 있고 부상을 입은 사람도 있었다.

23명의 목숨을 앗아 간 중대산업재해가 발생하기 이틀 전 토요일에도 아리셀 공장에서는 생산된 전지 중에서 문제가 발생해 작은 폭발이 있었다. 그러나 아무 조치도 이뤄지지 않은 채 6월 24일 작업은 계속됐고 예방하지 않은 위험은 23명의 노동자를 집어삼켰다.

유가족들은 폭발과 화재로 가족들의 신체가 많이 훼손되었다며, 온존한 사람이 없다는 얘기를 계속했다. 회사 건물에 들어가서 가족들의 잃어버린 신체 조각이라도 찾아야 하는 거 아니냐고 했다. 가족의 육신이 썩을까 쪼그라들까 걱정했는데 키 크고 말랐던 아들의 키는 줄어 있었다고 증언하기도 했다.

2024년 12월 5일 현재, 참사 발생 165일이 되었다. 현재는 아리셀 중대재해 참사 피해자들의 장례식은 모두 치러졌다.

그러나 아직 싸움은 계속된다. 아리셀도 박순관도 제대로 사과한 적이 없다. 현재 박순관 대표이사와 박중언 본부장은 구속되어 재판을 받고 있지만, 유족들에게 진심 어린 사과의 말을 전하지 않았고 배상도 하지 않았다. 박순관 대표이사는 자신은 아리셀의 실질적 대표가 아니라며, 자신의 아들인 박중언 본부장이 실제 대표이사라 자신은 아무 책임이 없다는 주장을 재판에서 하고 있다. 기가 막히는 소리다.

동포 비자의 종류를 따지면서 어차피 길게 일하지 못할 사람들이라고, 불법 고용 구조라 하더라도 그 노동자들이 정규직이 될 거라고 볼 수는 없다는 주장을 회사 측 대리인이 하고 있다.

"저는 13년(2013년)에 와 가지고 정상 사람처럼 꼬박꼬박 세금 1푼도 안 모자라게 내었습니다. 음주 위반도 한번 한 적도 없구요…."

동포 노동자의 유가족은 이렇게 자신들의 떳떳함을 증명하며 호소하고 있다. 한국에서 일을 하고 살아가는 이들이 국적이 다르다는 이유로 왜 이런 취급을 당해야 하는 걸까. 자본의 탐욕은 얼마나 많은 사람을 죽여야 채워지는 것일까.

평생 생각지도 못했던 '비상계엄 선포 상황'을 마주했고 설마 하는 생각과 불안한 마음의 밤을 보냈다. 그런 밤을 아리셀 중대재해 참사 유족들은 매일 보내고 있다. 매주 화요일 19시에는 강남역 8번 출구 앞에서는 아리셀 시민추모제가 진행되고 있고, 경기도 광주 에스코넥 앞에는 농성장이 있다. 2024년 12월이 끝나기 전에 농성장을 치워도 되는 날이 오길 간절히 바란다.

이재학이라는 사람

이대로 | 세상에서 가장 듬직한 형의 동생

하얀 눈이 쏟아지던 2020년 2월 4일, 그 하나하나의 감정들이 여전히 내게 남아 긴 악몽을 꾸는 것처럼 느껴진다. 어느덧 4년이 훌쩍 지나고 있지만 난 먹먹한 그때에 머물고 있는지도 모르겠다.

갈수록 현실의 시간을 깨닫게 되는 때가 많지 않다. 하루하루 커 가는 아이와 함께할 때, 그리고 형의 투쟁을 이어 가는 사람들과 함께할 때를 제외하면 대부분의 나는 4년 전 그날에 머물러 있다.

이재학 PD, 형은 처음이자 마지막이 된 그 직장에서 20대, 30대 젊은 모든 날을 보냈다. 집보다도 더 많은 시간을 보낸 그 공간, 가족보다도 더 많은 시간을 함께한 그 동료들. 그 못난 CJB청주방송이 형에게는 인생 그 자체였다. 그리고 그런 그를 난 그저 자랑스러워만 했었다.

형은 그런 후배, 동료들을 위해 처음으로 목소리를 냈다. 본인이 아닌 후배 스태프들의 인건비를 올려 주고 팀원을 더 뽑아 달라는 요구사항. 그러자 돌아온 건 당시 하○○ 국장의 '부당해고' 통보였다. 그렇게 모든 프로그램에서 즉시 하차당했고 형의 인생과도 같았던 방송국에서 억울하게 쫓겨나게 되었다.

결국 이 모든 비정상적인 현실과 구조를 세상에 알리고 뜯어고치기 위해 형은 소송을 선택할 수밖에 없었는데 그 싸움의 시작에서 많은 고민들이 보였다. 14년을 일한 직장을 상대로 소송을 해야 하는 그 심정, 방송국을 상대로 싸워야 하는 현실들 앞에서 인생을 걸 수밖에 없는 선택을 한 그 고민들이 짙게 느껴졌다.

나는 아직도 이해가 되지도 스스로에게 확신이 들지도 않는다. 나였다면 동료들을 위해 내 인생을 걸 수 있을까?

'아름다운 충북'과 같은 프로그램을 다수 연출했던 형은 '사람'의 이야기를 만들었고 주변에는 유독 사람이 많았다.

나에게는 가끔 서운할 만큼의 또 다른 동생들이 많기도 했을 정도이니까 말이다. 형과 둘이 살던 집은 늘 동료들로 북적댔고 바쁜 일정들로 가족 행사마저도 제대로 참여하지 못할 정도였으니 말이다.

그만큼 "일"과 "동료"들이 소중했을 것이다. 그런데 믿었던 그들이 그런 형의 등에 칼을 꽂았다. 직속 후배였던 어떤 이는 소송에 중요한 사실관계확인서를 돌연 취소했고 당시 직속상관이었던 하○○ 국장은 재판에 나와 형은 PD가 아니었다는 등의 위증을 저질렀다. 이러한 과정들이 결국 잘못된 판결로 이어졌고 형은 생일을 앞두고 패소 판결을 받게 되었다. 세상이 무너졌을 것이고 배신감에 분노하고 끝없이 슬프고 억울했을 것이다. 그렇게 눈이 쏟아지던 2월 4일, 끝내 죽음으로 그 억울함과 진실을 증명할 수밖에 없었다.

소송 중 법률대리인과 약속했던 것처럼 형은 본인의 싸움을 판례로 남겨 전국에 있는 수많은 방송 노동자를 위한 길이 되겠다고 했다. 결국 그 약속은 돌아가시고 난 이후의 항소심에서야 이룰 수 있었지만 다행인지 불행인지 이후 많은 방송 노동자들의 처우가 개선되었고 다른 여러 유사 소송들에서도 진상조사위원회 결과와 항소심 결과를 바탕으로 승소의 소식들이 전해지고 있다. 그리고 1심에서 위증했던 하○○ 전 국장은 최근 징역형을 선고받았다.

　방송국은 스스로를 사회의 부정과 비리를 고발하고 정의를 이야기한다고 한다. 하지만 정작 그들의 속은 그 어떤 곳보다도 부정과 비리가 가득하고 정의라고는 찾아볼 수가 없었다. 마치 조선시대처럼 신분을 나눠 노동자를 구분하고 옳은 말을 외치는 이들을 철저히 부정한다. 이런 곳에서 여전히 고통받고 형과 같이 외롭게 싸우는 노동자들이 많이 있다.

　우리는 형이 남긴 그 발자취를 기억해야 한다. 하나의 이정표가 된 이 모든 슬픈 과정이 이제는 다른 방송 노동자들에게 희망이 되어야 한다. 온몸을 바쳐 별이 된 이재학 PD를 기억해 주었으면 한다. 방송을 잘 만들고 사람을 좋아하던 그가 남긴 발자취가 다시 방송을 바꾸고 사람을 바꾸고 있다는 것을 인정하고 기억해 주었으면 한다.

그날 헬기는 무엇을 실어 날랐나

이창근 | 금속노조 쌍용자동차지부 사무국장

"일단 숨어." "우산으로라도 막아 봐." "비닐 날아가잖아, 꽉 잡아." "경찰특공대다. 뭐라도 던져." "바람이 너무 강해. 이러다 그냥 날아가겠어."

다급했다. 서로를 향해 지르는 요란한 말이 헬기 굉음에 노이즈캔슬링이 된다. 아무 소리도 들리지 않는다. 흡사 방백하는 배우처럼 목청 높여 고래고래 고함질러도 프로펠러 소리가 순식간에 빨아 먹고 윙윙거리는 헬기 원음만 토사물이 되어 공장 옥상을 뒤덮었다. 개업식 날 고객 끄는 인형처럼 헬기 바람에 팔다리가 휘적거린다. 급기야 헬기에서 패스트로프로 경찰특공대가 공장 옥상에 쏟아져 내렸다. 배틀

그라운드 게임에서나 나올 법한 장면이 눈앞에서 구현되고 있었다.

헬기는 낮고 강했으며 집요했다. 본격적인 진압이 있기 보름 전부터는 발암물질이 가득 담긴 노란 최루액을 하얀 비닐봉지에 담아 요격하듯 파업하는 동료 머리를 노려 때렸다. 대퇴부와 종아리 그리고 어깨가 시뻘겋게 벗겨지고 진물이 났다. 치료할 새도 없이 우산으로도 막아 보고 깨진 스티로폼 조각으로 버텼지만 소용이 없다. 스티로폼은 눈 녹듯 녹아 버렸고 진물 위에 화상 자국이 선명했다. 뒤에 안 사실이지만 노란 최루액은 2급 발암물질인 디클로로메탄이 주요 성분이다.

"왜 이렇게 빨리 죽냐. 이제 겨우 오십이고 좋은 날이 한창인데…." "아이고 억울해서 어떻게 이렇게 가냐 가기를…."

장례식장을 나서는데 동료들의 말이 뒷목을 잡아챘다. 지난 (2022년) 7월, 석 달을 쓰러져 있다가 끝끝내 사망한 동료가 있다. 지난 2009년 파업 현장을 함께하고, 그 뜨겁던 햇살보다 더 많은 최루액을 함께 맞았던 형이다. 갑자기 쓰러졌다는 공통점이 있는 이가 올해만 벌써 세 번째고, 그 가운데 두 명은 이미 사망했으며 한 명은 6개월째 사경을 헤매고 있다. 이들의 죽음과 쓰러짐이 2009년 진압당한 파업과 강력한 연결고리가 있다고 주장하면 억지일까. 쌍용자동차에 근무하는 3100명 가운데 암 환자가 180명이 넘는다는 사실 자체도 진압당한 파업과 관련이 없다고 확언할 수 있을까.

쌍용차 파업이 끝난 지 13년이 지났다. 그러나 여전히 이 파업과 죽음에 대한 사회적 부검이나 프로파일링은 이뤄지지 않았다. 돌연사와 자연사 그 경계 어디쯤에 쌍용차 파업이 존재했던 팩트는 움직이지 않는데. 왜 이런 지경까지 끝없이 우리만 내몰리게 되는 것인가. 왜 유독 우리만 파업 후유증이 이토록 모질게 달라붙어 다닐까. 이 짧은 생각에 잠길 새도 없이 눈앞에 120억 넘는 손해배상액이 다가오는 첫 겨울보다 먼저 오고 있다.

경찰이 쌍용차 해고자에게 청구한 손해배상액이 27억을 넘어섰다. 회사가 금속노조를 상대로 제기한 손배 금액도 100억 가까이 불어났지만 일단 논외로 두자. 국가 손배 그러니까 경찰이 청구한 손배 금액은 2011년 당시 11억 7천만 원이었다. 법정이자 5퍼센트와 민사소송촉진법상 이자 20퍼센트가 덧붙여지니 27억이 되었다. 문제는 이 금액이 무엇에 대한 손해배상이냐는 건데, 헬기와 기중기 파손에 대한 책임이란다. 불법적인 진압 무기 훼손에 대해 책임을 묻는 것 자체가 말이 안 된다. 특히나 2009년은 어떤 해인가. 이명박 정권이 2009년 1월 용산 학살로 최대의 위기를 맞았던 시기와 겹친다. 실정 숨기려고 쌍용차 노동자들에게 뒤집어씌우고 누명 씌우기에 혈안이 되었던 시기와 일치한다. 헬기가 얼마나 낮게 날았기에 주 날개와 꼬리날개 그리고 운전석 유리창이 파손됐다는 주장이 나올 수 있는가. 그리고 그 시간 헬기가 실어 나른 것은 무엇이길래 그토록 오래도록 집요하게 우리를 괴롭혔을까. 발암물질 가득한 최루액 20만 톤과 중무장한 경찰특공대와 테이저건과 고무 총탄을 비롯해 온갖 대테러 장비를 가득 실은 시커먼 컨테이너 박스였다. 이것은 정당한 공무인가. 이런 활동이 합법이기는 한 걸까.

2019년 민갑룡 경찰청장은 2009년 쌍용차 진압 작전에 대해 경찰을 대표해 사과했다. 그러나 불법 진압을 인정하고도 어떤 후속 조치도 없는 맨입 사과에 그쳤다. 미치고 환장할 노릇이다. 모든 일이 이런 식이었다. 최근 대우조선하

2009년 8월 4일, 쌍용차 파업 노동자들이 위치한 도장공장 옥상으로 최루액을 퍼붓는 경찰 헬기. 사진 제공_노동과세계

청지회 파업 이후 손배 가압류 문제가 다시 수면 위로 올라오고 있다. 정치권에서도 이른바 '노란봉투법' 통과 의지가 어느 때보다 높다. 감사한 일이지만 쌍용차는 현재의 흐름이 성과를 낸다 한들 어떤 변화도 없다는 것이다. 국회의원 117명이 대법원에 낸 소 취하 결의서도 여전히 맥을 못 춘다. 어쩌면 좋나. 어떻게 하면 이 암담한 상황에서 작은 빛이라도 찾을 수 있나. 그래서 다시 묻고 싶은 것은 이것이다. 말 못 하는 헬기와 뛰지 못하는 기중기에 대한 손해배상을 누가 책임져야 하는가. 시위 진압 한답시고 법에도 없는

장갑차 투입해 놓고 장갑차 백미러 깨졌다고 피해 금액을 시위대에게 청구하는 것과 무엇이 다른가. 쌍용차가 지금 딱 이 경우다. 폭탄처럼 커져 가는 손배 금액에 정말이지 쓰러질 지경이다.

우리는 피해 입었다 주장하는 파손된 경찰 헬기와 기중기를 찾고 싶다. 사진 자료 하나 없이 법원에서 인정된 그 실체를 알고 싶다. 이명박 정권이 쌍용차 노동자들의 파업을 불법과 폭력으로 매도하고 뒤집어씌우려 했던 그 모든 사실을 알아야겠다. 해당 수리비 견적서는 제대로 책정된 것인지, 헬기의 각종 부품 교체 주기는 또 어떻게 되는지 모조리 알아야겠다. 파손된 헬기를 직접 수리하고 교체한 작업자는 누구였으며 파손된 주 날개와 꼬리날개는 현재 어디에 어떻게 보관되어 있는지, 특히나 그날 우리를 죽음의 공포 문턱까지 밀어 넣었던 그 헬기와 기중기는 지금 어디서 어떤 임무를 수행하고 있는지도 우리는 반드시 알아야 한다. 파손했다는 사람을 특정하지도 못한 채, 모두를 뭉뚱그려 공동정범으로 몰아넣었던 그 진실을 알고 싶다. 경찰은 어떤 이유에서 사진 자료를 제출하지 않았는지 분명하게 밝혀야 한다. 경찰이 사과를 하고도 아무런 조치를 취하지 않고 있는 이 개탄스러운 현실 위에서 작은 진실의 조각이라도 꼭 찾아야겠다.

"아빠, 선배 가압류? 뭐야, 그게?" "선배를 왜 가둬? 하하하~"

기자와 통화를 마쳤더니 고1 아이가 농담 삼아 묻는다. 경상도 사투리 때문인지, 손배가 선배로 들렸나 보다. 웃어야 하지만 웃을 수 없는 상황이다. 해고 8년 만에 복직하고 그동안 실질적 가장인 아내 덕에 작은 아파트 한 채 있는 것이 전부인데, 손배 가압류 떨어지면 우리는 또 어떻게 될까. 생각만 해도 오금이 저린다. 거리에서 삼십 대 푸른 청춘을 날려 먹었다. 더 이상 우리가 날려 먹을 청춘도 시간도 없다. 숱하게 싸우는 노동자들이 일산화탄소 같은 손배 가압류에 영혼과 육체가 잠식되어 시름시름 허물어져 가는 모습을 더는 볼 수 없다. 그래서 그날 우리 머리 위를 저공으로 비행하고 최루액을 뿌리고 고무 총탄과 경찰특공대를 끝없이 실어 날랐던 그놈의 헬기를 찾아야 한다.

삶은 방전도 필요하다

이창근 | 금속노조 쌍용자동차지부 전 기획실장

또 휴직을 했다. 복직 이후 벌써 두 번째다. 회사와의 갈등도 동료 간의 이견도 아닌 스스로 또 한 번 무너져 내렸기 때문이다. 입안에 바닷물 같은 독설이 가득했고, 행동 또한 과격했다. 허언이 늘었고 급기야 가족과 주변에서 우려의 목소리가 높아져 결국 자의 반 타의 반으로 휴직을 결정하기에 이르렀다.

짧은 휴직 기간 많은 일이 있었고 생각 또한 몇 번을 접었다 폈다 반복했다. 회사를 관두고 고향으로 내려가 살고도 싶었다. 쌍용차 투쟁(2009년 시작) 이후 몇 년을 주기로 반복되는 양극성 정동장애 증상에 대한 환경적 방치를 더 이상 미루는 것도 쉽지 않았기 때문이다. 특히나 2014년 굴뚝 농성 이후 여전히 굴뚝에 올라 있다는 착각을 가끔 할 정도로 예민하게 상황과 조건을 끌어 올리는 습관과 이별하고 있지 않았다. 그래서 수년간 이 모든 것을 한 번에 잘라 내고 싶었고 많은 노력을 했다. 그러나 도망치고 싶은 내면의 욕구와 밀어닥치는 노동조합 업무의 기획과 처리라는 외부의 주문이 부딪히고 어긋나 늘 정상적인 상태 유지가 어려웠다. 그래서 어떤 일 처리 면에서는 탁월했고 다른 차원에서는 기이했다. 이렇게 온전한 집중으로 볼 수 없지만 집중하는 것처럼 느껴지는 생각이 균열 간 채로 노조 업무를 밀고 나갈 수만은 없었다. 바꾸고 싶었다. 이겨 내고 싶었다.

휴직을 하고 충분히 쉬자 마음먹고 첫 번째로 간 곳이 부산 송정이다. 선배의 환대가 있었기 때문이기도 했지만, 송정은 공교롭게도 20대 초반 부산을 연고로 하는 이들의 흔한 엠티 장소가 아닌가. 나 또한 송정 어느 민박집에서 동아리 선배들과의 애틋한 추억이 있다. 철없던 스무 살짜리가 파도에 밀리고 밀려 이제 50줄에 닿았다. 무엇이 변했고 어떤 것이 나를 변하게 만들었을까. 오십이 되는 (2023년) 올해 마음이 더욱 급했다. 순진하고 웃음기 많던 20대의 나는 도대체 어디에 있는 것인가. 원인은 늘 외부가 아닌 내면에서 비롯된다, 믿는 편이지만 그것조차 직면하지 않고 회피하기 위한 좋은 변명의 구실 아니던가.

하루에 6시간 정도 송정 해변을 낮은 속도로 뛰었다. 군 제대 이후 처음 있는 일이다. 사흘 정도를 이렇게 했더니 20대로 돌아간 듯한 착각이 생길 정도다. 사람 없는 곳에서는 구령도 붙여 보고 예전에 배웠던 무술 흉내도 냈다. 러시아 종합 격투기 '시스테마' 흉내 내기는 그나마 제 몸에 맞는 옷을 입은 것처럼 딱 맞았고 더 심취한 것도 사실이다. 뛰고 달리고 무술을 흉내 냈다. 삶의 방향을 틀고 싶은 욕망이 너무 강하게 올라왔다. 요나스 요나손의 말처럼 창문을 넘고 싶었다고나 할까. '나는 왜 이곳 쌍용차에서 빠져나오지 못하고 있는가.'

최근 몇 년간 함께 싸웠던 동료가 복직 이후에 죽음을 맞이했다. 제거하지 못한 바늘이 몸속에서 꿈틀거렸다고나 할까. 의식 깊이 박힌 상흔과 상처에 큰 소용돌이가 쳤다. 이제는 복직도 했고 더 이상 해고 당시의 불안과 초조가 일상이 아님에도 도무지 떨궈 낼 수 없다. 이건 나만의 문제가 아니라 복직한 모든 쌍용차 노동자들이 겪는 고통이자 출입

증에 박힌 바코드다. 죽어 간 동료들을 생각하면 지금도 가슴이 아프지만 언제까지 그 이유가 공장 안에서만 안주할 수 있는 배경은 아니지 않나. 머리를 식히고 머릿속을 완전히 비워 버리고 싶은 욕구가 육체 운동을 하면 할수록 더 올라왔다.

바닷가를 자세히 본 적이 드물다. 바닷물을 머금은 해안의 너른 품과 깊은 인내심을 이번에 유심히 살폈다. 바각대던 파도가 해안선에 곱고 작은 신들을 만들어 놓고 있었다. 부서진 산호, 조개, 붉은 게딱지, 짙은 미역과 하얀 모래알과 둥근 돌까지. 그동안 보지 못했던 것들이 해안선을 중심으로 일렬종대로 늘어진 모습을 카메라에 담으면서 눈물샘이 툭툭 터졌다. 이름 없이 잘게 부서진 작은 것들이 이렇게 아름다울 수도 있구나. 죽어 간 동료들의 삶이 결코 비참한 것만이 아니란 것을, 고귀한 아름다움의 삶이 될 수도 있다는 것을 뒤늦게 깨달았다. 나 또한 작고 연약하게 부서진 삶을 살고 있다는 점도 함께 느꼈다. 남들에게는 괜찮다 했지만 괜찮지 않을 뿐 아니라 아프다는 것을 스스로 인정했다. 뭣도 아니면서 누군가를 위한 삶을 살고 있다는 그 착각이 불러온 황폐해진 머릿속도 휴직 기간 동안 리셋할 수 있었다.

악착같이 나와 내 가족의 삶을 살아가는 것 또한 그 무엇보다 중요하다는 것을 깨달았다. 이 작은 단위가 소중하고 귀하다는 불변의 진실을 알기에 우리가 그토록 애타게 부서진 개인들의 삶에 주목하지 않았을까.

삶은 충전만이 아니라 방전 또한 필요하다는 것도 이번에서야 제대로 느꼈다. 그렇게 송정에서 긴 시간 방전을 했다. 절박하고 간절하게 많은 것을 얻기 위한 시간을 보냈다.

송정 바닷가에서 마지막 파도 끝이 끌고 내려가는 모래알의 의미를 알았다고나 할까. 살아 있는 우리에게 주어진 과제가 문제 해결보다 더 깊은 개인 차원의 화해와 치유, 그리고 존재 그 자체란 사실도. 바닷가에 부서진 작은 것들의 신을 보면서 다짐도 했다. 손가락 사이 흘러내리는 모래알의 성과에 조급해하지 않고 흔들림 없는 방향으로 가야 한다는 생각도 가졌다. 엉켰던 생각이 짠물 빠지듯 깨끗하게 흘러내렸다.

유가족이 본 노동시간 개편안

김예숙 | 대신전선 고 최완순 님 부인

제 남편 이름은 최완순입니다. 대신전선이라는 회사에서 2교대 야간 근무를 했습니다. 일주일 야간, 일주일 주간을 하는 2교대였는데요. 야간은 하루에 14시간, 주간은 10시간인가 11시간인가를 일하면서 교대를 하는 회사에서 야간 근무 중 현장에서 사망했습니다.

제 남편은 회사에서 야간 근무 도중에 과로로 쓰러져 그 자리에서 사망을 한 경우거든요. 근데 남편의 근무조건이 아주 심각했습니다. 전선을 만드는 회사이다 보니, 오더가 전선 길이로 떨어지나 봐요. 그러면 그 길이가 다 나올 때까지 중간에 기계를 멈출 수가 없다고 하더라고요. 그래서 그게 사실인지 확인해 보니까, 동료들 증언이 정말 그게 맞더라고요.

우리 애기 아빠의 근무조건이 어떤 조건이었냐 하면, 토요일에 특근 들어가면 오전에 근무 시작해서 주말 동안 일을 하는데요. 이 회사가 (충북 음성에 있는데) 원래 안산에서 이주해 온 회사이기 때문에, 그쪽에서 온 기술자들은 주말에 집으로 가는 거예요. 그러면 이제 우리 애기 아빠가 토요일 오전에 근무를 시작해서, 오더를 받아서 하다 보면 일요일까지, 일요일 오전이면 24시간이잖아요. 그런데 일요일 저녁 8시쯤 왔나? 그러니까 이게 몇 시간을 일한 거냐고요. 그다음 월요일은 야간 근무를 하니까 그전까지 쉴 시간이 있다, 그렇게 해서 오더를 받아서 하는 거예요.

그래서 제가 그 당시에도 팔팔 뛰었어요, 호구냐고. 너무나 심하게 일을 시키니까 엄청 속상하더라고요. 그래서 제가 무슨 일을 이따위로 하냐고 막 이렇게 얘기를 했는데, 애기 아빠가 그런 얘기를 하더라고요. '오더가 당신이 말하는 대로 내가 하고 싶은 시간만큼 근무할 수 있는 조건이 아니'라고. 그래서 사고가 난 다음에 회사에 가서 내가 얘기를 했어요. '그렇게 오더가 떨어지는 경우가 있을 수가 없다. 사람이 잠을 제대로 못 자고 그걸 본다는 거 자체가 말이 안 된다'고 내가 막 펄펄 뛰니까 회사에서는 요구한 예가 없대요. 본인이 원해서 일을 했대요. 너무 기가 막히는 얘기를 하더라고요. 그 시간에 한 사람이 교대 없이 일을 한다는 자체가, 회사에서 그런 오더를 한 사람한테 내려 준다는 게 도저히 이해가 안 갔어요. 그게 믿어지지가 않아서 제가 남편 동료들한테 '이게 맞냐? 나는 남편한테 그렇게 들었는데' 물어봤어요. 몇 사람한테 물어보니까 맞다고, 전선 길이가 중간에 기계를 세우면 불량이 나기 때문에 멈출 수가 없대요.

그렇게 근무를 하는 조건도 있는데, 지금 그 근무시간이 연장돼서 그냥 기본 근무시간이 늘어난다? 그러면 그런 업체들, 우리 애기 아빠 같은 회사에서는 마음 놓고 일 시켜도 된다는 게 허락되는 거잖아요. 그리고 또 몰아서 일을 하고 몰아서 쉰다? 나는 그 부분이 너무 화가 나더라고요. 사람을 기계로 아는 것도 아니고, 정말 있을 수가 없고 이해가 안 돼요. 우리 같은 경우를 당한 사람 입장에서는 그 뉴스(주 최대 69시간 노동 추진)를 보고 진짜 이게 말이 되나? 저 사람(윤석열 대통령)은 도대체 노동자를 뭘로 생각하나? 사람을 사람으로 안 보는 거 아닌가? 한 나라의 통수가 돼 가지고 노동자의 입장은 전혀 생각을 안 하는구나 싶은 생각이 들었어요.

나는 젊지도 않고 나이가 있는 사람이고 근로에 대한 지식이 풍부한 것도 아니에요. 그때 많은 사고들로 인해서 기본 근로시간이 조정된 걸로 알고 있는데, 이제 와서 근로시간을 풀어 준다 그러면 우리 애기 아빠가 일하던 회사 같은 경우에는 거기 마음대로 또 그렇게 근로시간이 주어질 거 아니냐 이거죠.

당시에도 전선업계에서는 그게 흔한 일이라서 산재를 요구한다는 것 자체를 우습게 생각하더라고요. '그건 있을 수 없는 일이다.'라는 인식을 갖고 있더라고요. 그런데 애기 아빠 사건이 일어나고 근로시간이 조정되고, 그러고서는 근로계약서도 다 수정을 해서 바뀌었다고 얘기 들었거든요. 그런데 지금 다시 기본 근로시간이 늘어난다면 고용주들한테는 어떤 인식을 주겠어요? 이제 장시간 일 시키는 게 까다롭지 않을 거라는 인식을 할 거 아니냐고요. 이런 생각에 나라에서 노동자들에 대한 인식을 못 하고 있는 거 아닌가 싶은 생각이 들고 굉장히 화가 나요.

노동자는 자기의 권리를 위해서 항상 자기 입장을 직시하고 주장할 건 주장해야 된다고 생각해요. 그리고 나라의 법으로 고용주에 대한 인식 교육이 필요하다고 생각하고요. 서로 상부상조하면서 일하는 건데, 노동자들도 애사심을 갖고 일하는 데 대해서 고용주들의 생각이 바뀌어야 한다고 생각해요. 그리고 나라 정치를 하는 사람들도, 지금 대한민국에 노동자가 몇 퍼센트인데 노동자를 무시하고 추진한다? 그거는 있을 수가 없다고 나는 생각을 해요. 그래서 정치하는 분들도 그 부분에 대해 인식을 해야 되고 노동자에 대한 존중심도 가져야 된다고 생각해요. 인식 자체가 바뀌어야 된다고 생각합니다.

연대하는 세상으로

마혜진 | 고 마채진 님의 유가족

　여름이 시작되던 6월, 아빠는 건설 현장에서 일을 하던 중 원인 불명으로 추락한 1.2톤의 리프트에 깔려 돌아가셨다. 사람들은 이 죽음을 산업재해 사망사고라고 부른다. 사람은 누구나 죽는다. 하지만 추락, 협착, 매몰 등으로 인한 산업재해 사고는 안전장치와 관리자가 부재한 현장의 노동자들에게만 발생한다. 나는 산업재해 사고 사망자의 유가족 마혜진이다.

　솔직히 말해 아빠 같은 사람이랑 결혼하고 싶다는 생각은 그다지 해 보지 않았다. 사람들이 추구하는 평범한 가정으로 보이기 위해 우리 가족 또한 적당한 불화는 묻어 두고 적당한 화목으로 포장해 살았는데, 뜯어보면 아빠는 생각보다 더 무뚝뚝했고, 술을 무척 좋아했으며 그 때문에 엄마 속을 어지간히도 썩였다. 아빠가 다니던 회사가 부도난 후 엄마와 아빠의 싸움은 잦아졌으며 우리는 더 작은 집으로 이사했다. 항상 일을 나간다는데, 무슨 일을 하는지 물어봐도 가타부타 설명이 없어서. 대화는 줄어들었고 아빠는 항상 술에 취해 귀가했다.

그래도 우리는 나름 화목했다. 아빠가 새벽같이 출근하고 엄마가 직장을 옮기고 언니와 내가 취직하면서 더 큰 집으로 이사했고 저녁 식탁에 종종 다 같이 앉아 집에서 술 한 잔 마시는 아빠에게 애정 어린 핀잔을 늘어놓기도 했다. 전보다는 관계가 살가워졌지만 나는 더 이상 아빠의 직업란을 적어 내는 나이가 아닌지라 그냥 '전기 다루는 일'을 한다는 생각만 할 뿐 물어보지 않았다. 위험한 일은 아니라고. 그렇게 나는 아빠가 어떤 사람인지 무슨 일을 하는 사람인지 제대로 알지도 못한 채 29년을 함께 살았다.

사고 당일도 그랬다. 주말을 맞아 여행하던 중 아빠의 부고를 듣고 처음 든 생각은 '아빠가 왜?'였다. 우리 아빠 주말에 시골 간다고 했는데 갑자기 왜? 대체 왜?

장례 첫날, 아빠의 빈소에 들어갔을 때, 한국건설 사장이 조문 왔을 때, 아빠가 건설 현장에서 혼자 일하다 사고가 났다는 말을 들었을 때, 둘째 날, 사고 현장에 아무도 없어서 정확한 사고 시간이나 사망 시각을 알지 못해 아빠를 부검해야 한다는 말을 들었을 때조차도 나는 아빠가 어떤 하늘 아래서 땀을 흘렸는지, 어떤 옷을 입고 마지막 밥을 먹었는지, 어떤 땅을 딛고 정확히 무슨 일을 하다가 사고를 당한 건지 모르고 있었다.

정신없이 울고 장례를 치르고 아빠의 뜨거웠던 유골함을 봉안당에 모신 후 전화 한 통을 받았다. 장례 비용이 정산되지 않았다는 내용이었다. "한국건설 측에서 결제하기로 했는데요." "사측이 연락 두절입니다." 당황스러웠다. 그렇게 우리는 아빠를 보내고 하루도 채 되지 않아 서로의 슬픔을 어루만질 시간도 없이 사고 유가족이 되어 아빠의 죽음에 얽힌 여러 난제를 풀기 위해 길거리에 나서야 했다.

문제는 방법이었다. 어디서부터 시작해야 하지? 어떻게 하지? 세 모녀와 사위가 머리를 맞대고 서로의 지인을 통해, 직장 동료를 통해, 친구를 통해, 누군가를 통해 이야기를 전달했다. 처음 연락이 닿은 곳은 임인자 감독님과 정의당(현녹색정의당) 문정은 위원장님이었다. 이어 우리는 전국건설노조 광주전남지역본부와 민주노총 광주본부로 찾아갔다. 상황을 풀어놓자 깊은 위로와 함께 지금 어떤 문제점이 있는지, 어떻게 대응해 나가야 하는지, 산업재해 사고에 대해 적극적으로 알려 주셨다. 모두가 입을 모아 말하는 가장 큰 문제는 안전관리자의 부재와 2인 1조 원칙 무시, 즉 그곳에 아빠 혼자였다는 점이었다.

찾아보니 2023년 6월 13일 화요일에 사업지 관할구청에서 승강기 사용 점검이 예정돼 있었고, 이 일정을 맞추기 위해 현장에서 아빠에게 급하게 화물용 리프트 자동화 설치를 요구한 것으로 생각됐다. 실제로 1차 하청업체(충전엔지니어링) 이한준 사장과 "이미 일정이 있어서 13일 전까지는 작업이 어렵다."고 통화한 내용이 아빠 핸드폰에 녹음으로 남아 있었다. 하지만 결국 홀로 2023년 6월 11일 일요일에 작업을 하러 간 것을 보면 위에서 빠른 작업을 강력히 요구했을 것이고 이 과정에서 2인 1조 원칙은 지켜질 리 만무했다.

며칠 동안 정신없이 여러 사람을 만나고 통화하고 상황을 전달하고 정리하는 와중에도 한국건설은 여전히 연락 두절이었고 결국 일주일이 지나 우리 가족은 장례 비용을 결

고 마채진 님의 두 딸 마혜진(왼쪽), 마혜운(오른쪽) 씨가 2023년 7월 11일 한국건설 본사 앞에서 시위하는 모습. 사진 제공_마혜진

제하러 다시 식장에 갔다.

KBS 7시 뉴스에서 취재 방송을 내보내고, 뉴스1, 한겨레, 전남일보, 매일노동뉴스 등 여러 신문사에서 기사를 쓰고 '광주 봉선동 한국아델리움펜트하우스, 한국건설'이라는 정확한 이름이 거론되자 한국건설 측에서 겨우 연락을 취해 왔다. 우리 유가족이 아니라 건설노조 광주전남지역본부에게.

고용노동부 앞에서 기자회견을 열어 수사 촉구를 외치고 광역중대재해수사과의 근로감독관과 면담을 가졌다. "산업안전보건법에 따르면 2인 1조 원칙이 지켜지지 않았잖아요. 중대재해처벌법에 따르면 안전관리자 부재가 문제가 되잖아요. 승강기안전관리법에 따르면 파손된 렉이 사고의 원인일 수 있잖아요. 어디에 어떻게 중점을 두고 수사하고 있는 건가요." 여러 질문을 했지만 우리가 제출한 진정서조차 읽지 않은 과장이 면담에 참여하여 "수사 과정의 구체적인 내용은 말해 줄 수 없다."는 말로 일관했다. 사건의 개요는커녕 노동자의 부당한 죽음, 유족의 슬픔에 전혀 공감하지 못하는 태도였다. 분명히 진실을 밝히는 데에 최선을 다하고 있으리라 신뢰했던 국가기관에서 이토록 불성실한 태도를 보인다는 것을 믿을 수가 없었다.

국립과학수사연구원에서 1차 현장 감식을 진행하고 원청(한국건설)과 하청(충전엔지니어링) 직원들이 서로 이유를 모르겠다며 리프트가 절대 떨어질 일이 없다고 (바닥까지 추락해 사람이 그 사이에 끼여 사망했음에도) 책임을 떠넘기며 모르는 체하는 동안 그 누구도 우리 유가족에게 먼저 다가와 추모의 마음을 표한 이는 없었다. 그렇게 아빠가 돌아가시고 30일이 지났는데도 불구하고 원청과 하청으로부터 '죄송합니다.'라는 사과도, 노동청으로부터 '반드시 정확하게 규명하겠습니다.'라는 확신도, 그 누구에게서도 '책임지겠다.'라는 말이 나오지 않았다. 계속되는 소극적인 태도에 답답한 건 피해

자뿐이었다.

그 사이 광주전남노동안전보건지킴이 김선양 선생님과 전남노동권익센터장 문길주 선생님 등 노동자의 안전과 권리를 위해 꾸준히 목소리를 내 주시는 분들을 만났고 이분들 덕에 다시 한번 힘을 내어 1인시위를 시작했다.

출근 시간과 점심시간에 1시간씩 1인시위를 했다. 한 여성분이 "힘내세요."라며 빵과 우유를 직접 전해 주셨다. SNS에 글을 올리고 공론화했다. MBC 라디오 프로그램 '김종배의 시선집중'에서 인터뷰를 진행했다. KBS '출발 무등의 아침'에서 사건을 보도하고 여러 신문사에서 계속해서 기사를 냈다. 시위 4일째, 여전히 모두가 묵묵부답이었다. 그렇지만 이렇게 많은 분들이 슬픔에 공감해 주고 연대하여 목소리를 내 주고 같이 싸워 주고 있다는 사실에 힘을 낼 수 있었다. 그리고 2023년 7월 18일, 아빠가 돌아가시고 38일이 지나서야 한국건설이 사과문을 게시했다.

처음에는 법도 사람도 그 무엇도 아빠를 지켜 주지 않고 있다는 생각이 들었다. 중대재해처벌법이 시행되고 있다지만 아빠의 사고가 광주에서 처음으로 적용되는 사례였고 실제로 원청 대표에게 실형이 구형된 사례는 당시 한국제강의

1심 사례 하나뿐이었기에 어떻게 일을 처리해 나가야 하는지 감이 잡히지 않았다. 그 어려움 속에서 먼저 연대의 손을 내밀고 기꺼이 함께하겠다고 말씀해 주신 분들이 있었다. 모든 과정에 아파하고 슬퍼하고 공감해 주신 분들이 있었기에 우리 가족은 희망을 잃지 않았다.

'관리자가 현장을 이탈하지 않고 사고 현장을 빨리 발견했다면, 아빠가 2시간 동안 혼자서 외롭진 않았을 텐데. 다른 사람과 같이 일해서 사고를 방지할 수 있었다면, 지금쯤 아빠가 손녀를 안아 볼 수 있지 않았을까.' 하는 생각은 2023년 6월 11일부터 지금까지 항상 가슴 한쪽에 남아 우리 가족을 눈물짓게 만든다. 그리고 하루에 6명의 노동자가 다치거나 죽는 대한민국에서 또 다른 가족들이 나와 같은 슬픔을 느끼고 있을 거라는 생각이 들면 어떻게든 그들을 위로하고 힘과 도움이 되어 주고 싶다는 생각이 든다. 이준상 국장님, 임인자 감독님, 문정은 위원장님, 김선양 선생님, 문길주 센터장님, 박영민 노무사님, 정석진 국장님 그리고 우리의 목소리에 관심을 기울이고 함께 화내고 슬퍼해 준 지인들과 평범한 시민분들이 그랬듯이 말이다.

노동자의 죽음에 대해 진정성 있는 사과를 요구하고, 공정한 조사와 함께 책임자를 합당하게 처벌해 달라 말하고, 중대재해처벌법의 목적처럼 안전사고를 예방하자고 촉구하는 것은 절대 혼자서 할 수 있는 일이 아니다. '안전한 노동환경 구축'이라는 공공의 가치를 위해 다 같이 투쟁한다면 이 세상은 분명히 어제보다는 조금 더 안전해질 것이다. 늘 그렇듯, 누구나 그렇듯, 일이 끝나고 집으로 돌아올 수 있을 것이다.

북극항로만 가면 아픈 까닭

이현진 | 공공운수사회서비스노조 대한항공직원연대지부

항공운항과를 나와 1997년 말부터 대한항공 인턴으로 시작, 거의 25년 넘게 일을 했습니다. 많은 분들이 승무원이라고 하면 유니폼 입고 예쁘게 서비스하는 사람들이라는 이미지를 떠올리는데 사실 여러 가지 복합적인 업무가 너무 많습니다. 카트에는 승객들 식사가 담긴 식판이 채워져 있습니다. 한 카트를 혼자서 서비스하게 되면 112번 허리를 완전히 숙였다 세웠다 해야 합니다. 한정된 공간에 비행기 이륙부터 도착까지 필요한 물건을 다 실어야 하기 때문에 구석까지 물건이 들어차 있습니다. 음료도 드리고 면세품 판매도 하고요. 그런 것들을 필요할 때마다 꺼내서 써야 하

이현진 씨가 지난 (2024년) 1월 31일 열린 한국노동안전보건연구소 젠더와노동건강권센터 출범 기념 《일하다 아픈 여자들》 북토크에 패널로 참석해 항공 승무원의 노동을 증언하고 있다. 사진_백승호

니까 목부터 발목까지 안 아픈 곳이 없어요.

  승객 머리 위 짐칸도 이착륙 시에는 완전히 닫아야 합니다. 짐칸뿐만 아니라 좌석 위, 바닥도 보안 때문에 승객 탑승 전후로 위험 물질 등 수상한 물건들이 없는지 확인하도록 되어 있습니다. 비행기 기종도 다양해서 어떤 승객들이 있는지, 알아 놔야 할 것들, 점검해야 할 것들이 무엇인지 전날부터 확인하고 수백 가지 물건들을 체크해야 합니다. 그게 끝나야 승객들이 탑승할 수 있는 시간이 됩니다.

저희가 2010년 무렵부터 북극 항공노선을 다니기 시작했는데, 승무원들이 "나는 왜 북극만 오면 머리가 아프지?" "나는 왜 허리가 아프지?" 말합니다. 평상시에는 아프지 않다가 북극항로만 가면 아픈 승무원들이 있는 게 참 신기하다, 이상하다고 생각했습니다. 저희가 10년 넘게 북극항로를 운행하면서 산재 인정 사례 난 거 보고서야 북극지방은 우주방사선량이 너무 많아서 원인이 될 수 있다는 걸 알았어요.

저희 신입 때는 오로라를 쉽게 볼 수 없기 때문에 기장님들이 구경하고 싶은 사람은 들어와서 보라고 해서 구경하고 그랬습니다. 그런데 오로라가 방사선 덩어리라고 하더라구요…. 오로라 여행 상품도 있지만 매일 그 구간을 다녀야 하는 저희에게는 치명적일 수 있는데 그 누구도 저희한테 그런 걸 알려 주지 않았어요. '회사가 비용 절감한다고 북극항로 지나가는데 우리한테는 방사선 영향 미미하대.' 정도로만 알고 있었습니다.

우주방사선은 북극항로뿐만 아니라 모든 노선에 영향을 미치는데 똑같은 노선이어도 북극항로로 가느냐, 가지 않느냐에 따라 피폭량이 3배까지도 차이가 납니다. 2021년 우주방사선 안전 관리가 원자력안전위원회로 넘어가면서 노동조합의 노력 끝에 '생활주변방사선 안전관리법'이 승무원들에게 도움이 되도록 제정되었습니다(원자력안전위원회가 항공승무원 건강진단, 안전관리 교육, 항공 사업자 정기 검사 등 안전관리 업무 전담). 저희가 제출한 피폭선량 자료를 보면 유독 대한항공 승무원이 피폭량 최고치에 가깝습니다. 그러나 이 또한 예상치일 뿐, 법이 제정되고 나서야 실측 장비가 항공기에 탑재되기 시작했습니다. 저희가 사용하는 피폭선량 예상 프로그램은 다른 프로그램에 비해 1.4배 이상 적게 예상하기 때문에 실측이 꼭 필요합니다.

최초로 우주방사선 산재를 인정받은 친구가 저하고 팀이었던 후배였는데, 백혈병으로 죽고 나서야 산재 승인을 정말 힘겹게 받았어요. 2021년 공공운수노조에서 '직업성·환경성 암환자 찾기 119 운동' 할 때 후배의 죽음이 가슴에 남았는지 승무원 중에 숨어 있는 환자들 찾기를 준비했습니다. 비행을 가면 '나 오늘 같이 비행한 승무원이 자궁암이었는데 수술받고 3개월 있다가 휴직을 할 수가 없어서 복귀했다더라. 그런데 너무 힘들다더라. 누구는 무슨 암이었는데 복직해서 근무를 하는데 너무 힘들다더라. 그만둬야 할지 생각해야 되겠다더라.' 이런 이야기들을 진짜 많이 들었어요. 유방암, 피부암, 백혈병 외에도 여러 가지 병이 있었어요. 나한테 언제 어떻게 영향이 미칠지 모르기 때문에 많이 알리면 좋겠다는 생각을 했습니다.

그러다가 저도 유방암 발병 사실을 알게 됐어요. 2022년 7월경에 첫 유방암 진단을 받았습니다. 저희 부모님께는 말씀을 못 드렸어요. 저한테는 딸이 둘이 있는데 처음에 병원 가면 물어보는 게 가족력이 있냐는 겁니다. 딸들에게는 제 암이 가족력이 될 수 있어요. 특히나 여성 암은…. 딸들에게 많이 미안합니다. 아직도 이런 이야기를 하는 것 자체가 저한테는 많이 힘듭니다.

노동조합을 통해 산재 신청을 결정했어요. 그때 저희 가족들은 '너무 희망을 갖지 마라, 그러다가 실망하면 오히려 너만 망가질 것 같으니까 희망적으로 생각하지 말고 안 될 수도 있다고 생각하라.'고 걱정했어요. 오히려 주변 지인들은 응원을 많이 해 줬는데 산재 신청이 쉬운 게 아니라는 걸 많이 느꼈습니다. 후에 산재 승인 판정서를 보고 많이 놀랐습니다. 기존에 우주방사선 요인으로 승인 사례가 있음에도 불구하고 일부 위원들은 우주방사선은 빼고 교대근무에 대한 것만 인정했거든요.

암 발병으로 퇴사하신 분들도, 돌아가신 분들도 많습니다. 대한항공에서 객실 승무원들에게만 병가 대체휴가라는 게 있습니다. 저희는 휴가는 물론 휴일에도 쉴 수 없기 때문에 공휴일을 더해서 연간 대체휴가가 나오는데요, 10년 이상 근무한 승무원들은 휴가가 100일 이상 쌓입니다. 그러다가 몸이 아프면 병가 대체휴가를 쓰는데 진단서를 내고 자기 휴가를 써서 쉬는 거예요. 승무원들에게는 병휴직을 1년 이상 못 하게 합니다. 1년 이상 휴직을 하게 되면 '너 그러면 사직해야 돼.' 회사에서 압박하거든요. 그래서 요양을 제대로 못 해서 퇴직하시거나 돌아가시는 분들도 많습니다.

2021년 그 후배의 산재 승인 후 1년 반 만에 5명이 더 산재 인정을 받았습니다. 노동조합 활동을 통해 작업환경이 조금씩 개선될 때마다 내가 도움이 되는 사람이구나, 이런 생각이 들어서 많이 위로받고 있습니다. 이 문제에 대해 사회에 많이 알려야 한다는 생각을 계속 합니다. 회사도 이 문제를 알게끔, 느끼게끔 해야 하는 게 저희의 역할인 것 같습니다.

저번 하청업체는 그냥 해 주시던데요

김환민 | 전국IT산업노동조합 위원장

20대 후반 대학을 졸업하고 시작했던 첫 일은 게임 개발이었다. 주위에선 많이들 의아해했다. 나름 이름 있다는 대학을 나와 고연봉 대기업 취직을 마다했으니 특히 그랬을 것이다. '연봉도 삼성이나 증권사보다 낮은데 굳이 왜 그쪽을 희망하는 거야?' 그때로 돌아가 답을 생각해 보자면 역시 '재밌으니까'였다.

그렇게 돈 못 버는 직업 취급을 받던 IT도 이젠 속칭 '네카라쿠배'(네이버·카카오·라인플러스·쿠팡·배달의민족)의 시대를 맞아 고연봉의 대표 직종 중 하나가 되었다. 하지만 이런 연봉 인상의 이면에는 플랫폼 자본을 필두로 한 불공정과 노동착취가 존재하며, 노동환경이 개선되기까지는 지금까지 고생했던 활동가 동지들의 노력과 희생이 녹아 있다. IT산업은 아직 '균질'하지 않고, 다 같이 나아진 것도 아니다.

나도 처음부터 활동가였던 것은 아니었다. 시작은 중소 규모의 제작사였기에 여기저기에 출품을 하고, 하청도 수주하고, 투자처와 발매처를 찾아 동분서주하곤 했다. 심지어 회사의 등기임원이기까지 했다. 회사가 고꾸라지고 나자 지금까지 느끼던 부조리가 갑자기 또렷하게 보이기 시작했다. 대기업은 투자와 퍼블리싱을 계약해 놓고 말 한마디로 모든 계약을 백지화하기 일쑤였고, 계약서조차 작성되지 않은 구두 약속은 말 그대로 뜬구름에 불과했다. 성공하면 같이 나눌 수 있다고 애써 독려하며 채워 나갔던 근로시간과 추가 노동은 처음부터 휴지 조각이었던 것이 되었다. 억울했다.

한때는 이름 있는 대기업에서 오퍼도 들어올 정도였고, 그때 바로 구직을 했더라면 지금처럼 고생하는 삶이 되지는 않았으리라 가끔 생각하곤 한다. 하지만 누군가는 파산하고, 또 누군가는 죽어 나가고 있었고, 대기업에서 일하는 노동자들까지 과로사와 자살로 몰아가고 있었다. 거취를 고민하다 결국 게임산업 종사자의 노동권 운동을 하던 '게임개

발자연대'에서 반상근직 활동가 일을 시작했다. 그리고 여러 일이 있었다.

페미니즘에 연대했다가 계약 해지, 업무 배제, 합의 사직 등의 조치를 당한 여성 및 남성들과 연대를 했다. 가혹한 노동조건으로 사망과 퇴사가 속출하던 넷마블에 대한 정치적 개입에 동참했고, 게임개발자연대에서 수집한 정보와 증언이 결정적인 열쇠가 되어 넷마블의 '무료 초과 노동'에 대한 노동청 조사가 이행되었다. 회사가 인정하고 토해 낸 체불임금만 300억 원에 달했다. 불법파견된 IT 노동자와 연대했고, 프리랜서들의 노동자성을 인정받을 수 있도록 노력했다. 자본의 횡포와 친자본적 시장 정책에 대해서도 문제 제기를 계속했다.

IT와 게임의 노동문제를 정치화하면서 가장 힘들었던 것은 세간의 인식이었다. "충분히 대우도 좋고 자율적 근로 환경이 조성된 것 아닌가요?"라는 반문을 정말 지겨울 정도로 들었다. 온갖 부조리와 하청 및 불법파견에 대해, 정부 프로젝트가 다단계 하도급을 거치며 끔찍해지는 과정에 대해 지치지 않고 꾸준히 설명했다. 그래서 "에이, 뭐 IT만 그런가요? 그거 한국 산업이 다 그래요."라는 말을 들었을 땐

화가 나기는커녕 오히려 기뻤다. 느리지만 세상은 조금씩 바뀌어 갔다.

이제 문제는 나였다. 경제적 곤궁함은 버티기 힘들었다. 활동 문제로 안정적인 정규직 일자리는 어찌해도 찾을 수 없었다. 어쩔 수 없이 파트타임, 하청, 파견을 전전하며 IT 개발 직군과 서비스업 등 할 수 있는 일은 다 하며 가족의 자영업장에서 일하기까지 하니 몸은 힘들고 마음도 무너지는 듯했다.

당장 업계 선배들에게 내가 복귀할 수 있을지 묻고 다녔다. 나 자신이 확신이 없었기에 그랬을 것이다. 대부분은 좋게 좋게 말하며 공백이 길긴 하지만 아직 복귀할 수 있다고 했다. 하지만 어느 정도는 말뿐이었을 것이고, 나 또한 그렇게 짐작하던 차에 친한 선배 한 명만이 굉장히 진실한 대답을 해 주었다. "야, 너만 제물로 삼게 된 꼴이라 미안하긴 한데, 그냥 잘하는 일 하는 게 좋지 않겠냐? 넌 이제 블랙리스트 그 자체야. 블랙리스트 내용을 안 보고 표지만 봐도 '김환민 외 n명'이라고 적혀 있을걸? 네가 거기에 굽힐 사람이야? 굽히고 들어갈 수만 있다면 뽑아 줄 곳을 소개할 수는 있어." 그다음 날부터 방황은 끝났다. 다음 해 나는 IT노조

위원장 선거에 출마했고, 당선되었다.

내 마음은 정리되었지만 현실은 아직 갈 길이 멀다. 올해도 거르지 않고 IT산업 종사자의 죽음이 이어졌고, 지금까지는 가시화되지 않았던 사내 갑질과 괴롭힘이 새로운 쟁점으로 다시 점화되었다. 시장의 불공정과 하도급 갑질이 개선되지 않은 상황에서 '네카라쿠배'라는 특정 대기업에서만 이루어진 연봉 인상은 또 다른 계급화를 낳고 있다. 대기업이 인재 육성을 도외시한다는 점에는 관심을 잘 두지 않는다. 실력이 없으면 대우받지 못하는 게 당연하고, 실력은 스스로 쌓는 것이라는 능력주의·신자유주의적 분위기가 강화되면서 안 그래도 뭉치지 못하던 IT 노동자들의 파편화는 더더욱 심각해지는 모양새다.

그렇다고 구조적 부조리가 해소된 것도 아니다. 대기업은 여전히 계약을 철회하기 일쑤고, 하청업체에 대한 갑질은 여전하다. 건물을 다 지은 후 계단의 위치를 변경하자고 하면 "무슨 미친 소립니까?"라고 상식적으로 반문할 사람들이 소프트웨어에 대해서만큼은 설계 변경을 해도 "쉽게 하실 수 있죠? 저번 하청업체는 그냥 해 주시던데."라는 말을 쉽게 내뱉는다. 물론 변경은 어렵다. 일반 승용차를 미드쉽

(차체 후방에 엔진이 있는 형태)으로 고치는 것만큼이나 힘들 것이다. 하지만 '클라이언트님께 대거리하는 것'은 이보다 더 힘들다.

내가 내 능력으로 성과를 쟁취할 수 있다는 믿음은 부조리에 대한 순응으로 나타나곤 한다. 이뤄 낸 성과대로 대우받는 게 당연하다면, 부조리를 타파하고자 법적 투쟁까지 감내하고 헌신했던 개개인은 왜 여전히 하청의 하청, 파견직과 프리랜서에 머무르며 대우받지 못하며 일하고 있는가? 누구나 선망하는 기업에 입사하는 것이 과연 실력만으로 결정되는 것인지. 그 이면에 성별, 정치적 성향, 학벌이나 전공 등에 대한 차별과 선입견이 존재하는 것은 아닌지 우리는 계속 의심해야만 한다.

아직도 일에는 체력이 중요하다. 여자는 안 되고, 장애인은 안 된다. 직무 포텐셜이 있어야 하므로 고졸, 학점은행제, 방통대 출신은 평가절하된다. 노조가 생기면 과로를 못 시키니 노조도 안 된다. 하지만 이는 정당한 직무평가가 아닌 노동의 특수화이다. 좀 더 많은 사람들에게 더 나은 노동환경·직무교육을 제공하는 것과 '알아서 잘 완성된, 주당 100시간을 해도 멀쩡한' 사람만을 고용하는 것 중 장기적으로

지난 (2021년) 5월 직장 내 갑질로 인한 네이버 직원 자살 사건이 발생하자 김환민 위원장은 네이버 본사에 설치된 조문 부스에 방문해 조의를 표했다. 사진 제공_전국 IT산업노동조합

어느 쪽이 노동과 산업에 나은 선택일지는 자명하다. '아무나 못 하는 일'이라는 딱지는 일견 달콤해 보이지만 결국 일자리를 줄이고, 숙련 노동자를 줄이며, 산업의 미래까지 좀먹는다.

우리는 단순한 도구가 아니다. 노동환경이나 윗선의 갑질이 어떠하든 무조건 더 빠르게 프로그램을 짜고, 문제를 해결하고, 시키는 일을 처리하는 것이 우리 가치의 전부는 아니다. 더 나은 환경, 더 나은 생태계, 더 나은 문화를 위해 부르짖고 싸워 나가는 것, 사람다운 삶을 요구하는 것, '좋은 노동환경'이 제공되었을 때 더 좋은 퍼포먼스를 내는 것, 이제 갓 시작하는 후배들을 위한 환경과 문화를 요구하는 것도 우리가 가진 가치의 일부이다. 특권과 차별 없이 같이 성장할 수 있는 노동 생태계를 꿈꾸며 IT도 특별한 산업, 특별한 노동이 아닌 '여느 노동과 다름없는 노동'의 모습으로 존재하고 연대할 수 있도록 앞으로도 노력을 다하려 한다.

잊지 않을게요, 고 김동호 님

권동희 | 법률사무소 '일과사람' 공인노무사

    2023년 6월 20일, 건설노조 노동안전 담당자들과 회의를 마치고 뒤풀이 장소에서 처음 당신의 소식을 들었어요. 마트산업노동조합의 정준모 국장이 서비스연맹 정하나 국장에게 보낸 '(코스트코)하남점 관련 상황 보고'라는 긴 문자였어요. 서비스연맹 노동안전자문위원 자문방에 사건 상황과 함께 정하나 국장은 '폐색전증의 직업적 요인에 대한 정보가 있다면 알려 달라.'고 했어요.

    다음 날 저는 "어제는 다른 회의가 있어 자세하게는 못 봤는데, 다시 보고 생각해 보니 31세의 카트 정리 업무, 기저질환이 없다면 저는 산재로 보고 추진해야 한다고 생각합니다. 물론 노조 입장도 그렇게 정리되어야 하고요. 아무런 기저질환도 없는 젊은 노동자가 육체적 강도가 매우 심한 노동을 했다고 한다면, 고용노동부 과로 기준에는 미치지 못할지 모르지만 업무와의 상당인과관계가 배제된다고 '면밀한 조사 없이' 단정하는 건 위험한 것 같아요. 오래전 제가 공단에서 인정받았던 건도 물론 과로 기준에는 미치지 못했지만 '스트레스'가 매우 높았었고, 장시간 좌식 업무라는 점이 악화 요인으로 인정되었었어요. 암튼 참고하세요."라고 남겼어요.

이후 노동조합은 국회 기자회견 등 이 사건을 알리기 위해 노력했고, 2023년 7월 3일 MBC 보도 등을 통해 세상에 보다 구체적으로 알려졌어요. 그리고 가족들은 산재 신청을 위해 노무사 추천을 원했고, 노동조합에서 저를 추천해서 담당하게 되었어요.

가족들과 처음 만난 건 2023년 7월 6일이었고 당신의 고모님 댁이었어요. 부모님과 고모님 부부, 그리고 당신의 형을 처음 만나서 여러 얘기를 나눴어요. 초기 회사에서 제대로 이야기하지 않아 담당 의사 선생님이 부검을 하지 못한 걸 아쉬워했다고 얘기했어요. 그리고 6월 5일 주차 관리 요원으로 배치된 이후 그 힘든 업무와 업무 상황에 대해 구체적으로 얘기해 주셨어요. 고모님이 직접 주차장의 배치도를 그려 가며 공기 순환이 안 되어 열기가 더 발생할 수밖에 없는 이유를 설명해 주셨어요. 급작스런 죽음 이후 고모님이 당신의 죽음의 원인을 찾기 위해 특히 더 많이 노력했더라고요. 그때부터 잠을 잘 못 잤다고 하면서요. 국민신문고에 진정서를 내고, 아버님과 같이 노동청을 뛰어다녔지요. 상담 말미에 당신의 어머니께서는 "우리 동호⋯." 하시며 눈물을 보이셨고, "둘째지만 정말 장남 같은 아들이었다."라는 말도 덧붙였어요. 당신이 월급을 받으면 집안을 위해 매월 생활비를 아끼지 않고 보탰다고 하면서요.

돌아와 생각해 보니 이 사건은 기존에 제가 수행했던 과로 스트레스 및 장시간 좌석으로 인한 "폐색전증 사망"과는 달랐어요. 또한 발목을 다쳐 장기간 고정 자세로 움직임이 제한되었던 기존 사건과도 큰 차이가 있었어요.

실마리는 당신을 마지막까지 살리기 위해 2시간이 넘게 고군분투했던 강동경희대병원 응급의학과 선생님이 주셨어요. 선생님도 처음에는 사안을 몰라 폐색전증으로만 사망진단서를 작성했어요. 이후 폭염 상황(최고기온 6월 17일 32.1도,

2023년 8월 2일 열린 혹서기 코스트코 카트노동자 사망 49재 추모집회. 사진 제공_ 민주노총 마트산업노동조합

6월 18일 33.3도, 6월 19일 35.2도) 속에서 20킬로그램이 넘는 카트를 20개씩 움직이며 각 43,712보(26.42킬로미터), 36,658보(22.01킬로미터), 29,107보(17.36킬로미터)를 이동하면서 힘들게 일했던 이야기를 듣고 난 뒤 "(가)직접사인: 폐색전증, (나): (가)의 원인: 과도한 탈수, (다): (나)의 원인: 온열"로 사망진단서를 변경 발급했어요.

가족들과 면담할 때 선생님이 조력해 줄 수 있다고 해서, 제가 연락해 보았어요. 선생님께서는 "폐색전증 사인의 의학적 병리 등"에 대해 제가 질의하는 내용에 대한 답변 형식으로 논문을 찾아가며 소견을 작성해 주었어요. 그 내용을 보니, 당신의 사망은 질병사가 아닌 외인사이며, 온열질환으로 인한 사고사라는 것을 확신할 수 있었어요. 수차례 전화 통화에서 살리지 못한 미안함과 안타까움이 가득 묻어났어요. 어쩌면 하루에도 몇 번씩 응급실에서 죽어 가는 사람을 볼 텐데, 낯설게 느껴질 정도로 당신에 대한 애정이 가득했어요.

임상 의사 선생님의 소견은 구비되었고, 직업환경의학적으로도 이 사건에 대해 소견서가 있으면 좋다고 생각했어요. 마침 페이스북에 류현철 선생님이 당신의 사망은 철인삼종경기 선수 등 현저히 장시간 근력을 소모하는 운동선수에게 발생할 수 있는 경우와 비슷하다고 했어요. 그래서 류현철 선생님에게 정리한 자료를 드리고, 업무 관련성 평가서를 부탁드렸어요. 8월 22일 노동조합과 함께 산재 신청을 위한 기자회견을 하기로 했는데, 전날 새벽까지 열심히 작성해서 제게 주었어요.

마트산업노동조합 활동가들과 코스트코지회 간부들 그리고 서비스연맹 활동가들 모두 열심히 싸웠어요. 어쩌면 당신의 사건이 사회적 주목을 받을 수 있었던 가장 큰 원동력은 노동조합이었어요. 저는 단지 당신의 가족들과 좋은 선생님들, 그리고 노동조합의 힘들을 잘 연결시키는 조력자일 뿐이었어요. 8월 22일 산재 신청을 한 이후 근로복지공단과의 대응은 오롯이 저의 몫이었지만 당신의 형인 김동준 님이 열심히 도와줬어요. 9월 13일 공단의 현장 실사에도 함께했고, 불성실한 회사 관계자와 소리 높여 싸우기도 했어요. 10월 12일 국회 국정감사에 참고인으로 출석해서도 진실을 알리기 위해 노력했지요.

일반인들은 잘 모르지만, 산재 사건을 하면서 가족들이 다시 슬퍼하는 일 중 하나는 산재 승인을 받는 날이지요. 지난 10월 31일 근로복지공단은 당신의 사망이 업무상 재해라는 통지를 했어요. 공단이 우리 주장을 받아들여 질병사가 아닌 온열질환의 재해라는 사실을 인정했던 것이지요. 저는 그 즉시 당신의 아버지에게 알렸어요. 비통한 마음에 잠시 말을 잃었고, 그 슬픔의 깊이는 저는 도저히 알지 못하는 것이지요.

이제는 모두 당신을 잊을지도 몰라요. 가족들은 당신의 안타까운 죽음이 산재 승인으로 끝나서 모두 잊히지 않을까, 하고 두려워해요. 수십 개의 언론에 산재 승인 사실이 보도된 이후 가족의 슬픔은 끝난 것 같지만, 서른 살 아들을 잃은 부모님, 형과 동생을 잃은 형제들, 사랑하는 조카를 잃은 고모님 등 가족의 고통은 아마 평생 계속될 거예요. 그래서 누군가는 기록해야 하고 또한 잊히지 않기 위해 싸워야 해요. 당신의 죽음이 인력 부족과 휴식 부족, 그리로 폭염 속 안전조치가 미흡했기 때문에 발생한 구조적 재해라는 점을 반드시 세세하게 다시 기록해야 해요. 이제 다시 싸움이 시작될지 몰라요. 공단이 아닌 코스트코 자본과의 싸움이죠. 누구나 죽을 수 있는 이 '산재공화국'에서 운 좋게 남겨진 우리가 다시 싸우도록 할 테니 하늘나라에서 아픔과 고통을 이제 내려놓으세요. 다시 한번 당신의 명복을 빌어요.

사장으로 위장된 '가짜 3.3 노동자'
노동자는 기계가 아니다, 인간답게 일할 권리를

 속칭 '네카라쿠배'(네이버·카카오·라인플러스·쿠팡·배달의민족)의 시대를 맞아 플랫폼을 장악한 거대 기업들의 전쟁판이다. 이 과정에서 나오는 일자리는 저렴한 파트타임, 임시직, 계약직, 특수고용직 비정규직이다. 장시간, 야간노동, 속도 경쟁, 수수료 착취에 내몰린 노동자들. 무리해서 배달을 해도 차, 포 떼면 남는 게 없는 '빛 좋은 개살구' 꼴이다. "대우받고 싶으면 공부해서 대기업 다니지."란 모멸과 쿠팡 젊은 노동자의 죽음에 대한 과태료가 10만 원인 현실. 플랫폼 노동자들의 목소리에 귀 기울여 보자.

//
2
플랫폼 노동, 그 정거장엔?

초짜 탁송 기사의 하루가 100년 같던 날

권택흥 | 제4회 작은책 생활글 공모전 우수상

나는 초짜 탁송 기사다. 탁송은 렌털 기간이 끝난 차를 반납하거나, 중고차 상사나 고객이 구입한 차를 목적지까지 대신 운행해 주는 노동이다. 고객을 태우고 운행하는 대리운전과 달리 탁송은 기사 혼자 고객 차량을 운행한다. 나는 일주일에 3~4일은 전날 회사에서 배차받은 차를 대구, 안동, 포항 등에서 인수해 용인, 양재동에 있는 차고지로 탁송한다. 오후에는 프로그램에서 대구 오더를 잡아 내려온다.

회사는 대구에서 용인까지 탁송료로 12만 원을 일정하게 지급한다. 하지만 내려오는 탁송료는 8만 원에서 10만 원까지 천차만별이다. 업체들이 탁송료를 후려쳐도 기사들은 울며 겨자 먹기로 배차 신청을 할 수밖에 없다는 점을 악용한다. 수도권에 탁송을 마친 대구 기사는 대구로 와야 하는데 오더를 잡지 못하면 자비로 기차나 고속버스를 타야 한다. 그것보다 삼분의 일이나 적은 탁송료라도 받고 차를 몰고 내려오는 게 이득이다. 수도권에서 지역으로 탁송하는 기사도 마찬가지다.

용인으로 탁송하고 내려오는 오더를 잡지 못한 첫날 내가 번 일당은 47,440원이다. 탁송료에서 업체 알선 수수료 20퍼센트, 사업자 소득세 3.3퍼센트, 프로그램 사용료와 자동차보험 등 1일 고정 지출 1만 원, 고속도로 통행료와 교통비는 모두 기사 부담이다. 수수료 24,000원, 소득세 3,960원, 고정 지출 1만 원, 이동 교통비 4,800원, 동대구에서 음성까지 고속도로 통행료 11,300원, 수원에서 동대구까지 무궁화호 열차 요금 18,500원이 지출된다. 탁송료 12만 원에서 비용을 제하니 딱 저 돈이 남는다. 한 달 지나 요령이 생기고 내려오는 오더도 잡게 되니 하루 15만 원에서 18만 원 벌이가 된다.

이건 초짜인 내가 '로또 당첨만큼 어렵다'는 10만 원짜리 대구 오더를 잡은 날의 이야기이다.

아침 6시에 집을 나서 안동에서 카니발을 인수해 오후 2시에 용인 탁송을 끝냈다. 이제 대구 내려오는 오더만 잡으면 된다. 사무실에서 믹스커피 한 잔 타서 휴대폰에 설치된 탁송 프로그램으로 오더 잡기를 시작한다. 1시간이 지나도 눈물만 흐를 뿐 당최 잡히지 않는다. 1초 만에 사라지는 오더들. 화면에 번개처럼 나타났다 사라지는 수백 개의 오더 중에서 '도착지 대구'를 발견하기도 어렵다. 가뭄에 콩 나듯 보이는 '대구'를 클릭해도 0.1초 빨리 사라진다. 유령처럼 플랫폼을 누비는 숙련된 탁송 기사들이 귀신처럼 잡아 간다.

벌써 오후 3시가 되어 간다. 이러면 그냥 내려와야 한다. 포기하고 일어나려는데 '대구 장동' 오더가 떴다. 기도하는 마음으로 클릭. 세상에나! 로또 당첨보다 어렵다는 오더가 잡혔다. 상세 보기를 해서 상황실과 통화한다. "출발지 도착까지 2시간 정도 걸리는데 괜찮을까요?" 하니 고객에게 확인하란다. 고객은 "네 뭐, 될 수 있으면 빨리 와 주세요." 한다. 됐다. 1분 사이에 후다닥 해치우느라 정신이 1도 없다. 가방을 메고 사무실을 나선다. 이젠 시간과의 전쟁이다.

속보로 걸으며 네이버 지도로 출발지를 검색한다. 화성시 마도면 해문리, 2시간 30분 거리. 막상 안내 시작을 누르니 3시간으로 늘었다. 사장한테 연락하니 취소하란다. "야아, 니한테 잡힌 거 보면 모르겠나? 거 가면 오늘 안에 대구 못 온데이. 탁송 경험 제대로 해 볼라면 가 보던가." 한다. '그래! 취소란 없다. 어차피 대구로 가야 한다. 한번 부딪쳐 보자.' 은근 오기가 생긴다.

보정동에서 버스 타고 오이역에서 지하철 환승하여 고색역에 내려야 한다. 네이버 안내가 '죽전역 방향'으로 타란다. '인천행'이 금방 왔지만 그냥 보내고 기다렸다. 안내에 따라 '죽전행'을 탔다. 허걱! 죽전역에 오니 종착역이란다. '이건 뭐야.' 어리둥절하며 내려 인천행을 기다려 탔다. '~행'은 거기가 종착역이다. 고색역을 가려면 목적지를 지나가는 '~행'을 타야 한단다. 촌놈 많이 배운다.

이동 중 경로를 다시 검색한다. 고색역에 내려 1004번 버스 환승이 최적 노선이다. 생전 처음 와 본 고색역에 내려 버스 정류장에 간다. '고색역.고색초.태산아파트'다. 정류장 이름 한번 길다. 정거장 고유 번호를 본다. 안내와 다르다. 헐~ 건너편이다. 횡단보도 신호등은 파란불이고 1004번 버스는 신호 대기 중이다. 놓치면 30분을 기다려야 한다. 정류장까지 냅다 뛰어 버스를 탄다. 이제 45분간 버스 이동이다.

가쁜 숨을 몰아쉬며 여유 있게 경로를 다시 검색한다.

마도면에서 해운대까지 버스로 20분이면 금방이다. 어라? 가는 버스는 마을버스 1대뿐이고 하루 7회 운행이다. 까딱하면 몇십 분을 대기해야 할 판이다. '제발 마을버스를 바로 타게 해 주십시오.' 예수님, 부처님 할 것 없이 빌고 또 빌었다. 하늘도 감복했을까? 하차하고 5분 만에 귀하디귀한 행운의 마을버스가 온다. '와탕카!' 이제 20분 이동 후 10분만 걸으면 도착이다. 행운은 끝나지 않는다. 기사분께 목적지를 여쭤보니 앉아 있으란다. 하차할 정류장을 지나 목적지인 중고차 상사 앞에 딱 내려 주신다. "기사님이 제겐 예수님입니당. 좋은 하루 되십시오."

행복한 기분으로 차량을 인수했다. 스틱 1톤 트럭이다. 8월 중순인데 에어컨이 고장이다. 클러치가 좀 빡세다. 20분쯤 주행하는데 클러치에 신경이 쓰인다. 클러치를 밟고 변속하고 발을 떼는데 클러치가 올라오지 않는다. 클러치 밑으로 발을 넣어 쳐올리니 올라온다. 이 정도면 운행은 할 수 있겠다 싶어 바짝 신경을 쓰며 조심히 주행한다. 평택제천고속도로에 올라 40분쯤 주행하니 안성JC에서 경부고속도로로 진입하란다. 퇴근 시간이라 그런지 차량들이 앞뒤로

200미터는 정체 상태다. 1, 2단 기어로 가다 서다를 반복한다. 경부로 빠지려고 기어를 바꾸는데 밟힌 클러치가 안 올라온다. 발을 넣어 밑에서 쳐올리니 덜컹하고 시동이 꺼져버린다.

비상등을 켜고 다시 시동을 걸었다. 1단 기어를 넣고 클러치에서 발을 떼는데 올라오지 않는다. 클러치 밑으로 발을 넣어 쳐올려도 꿈쩍도 안 한다. 서너 번 시도해도 시동만 꺼질 뿐이다. 앞차들은 출발하고 뒤차들은 '빵! 빵!' 클랙슨을 울린다. 시동을 끄고 차에서 내려 머리 숙여 인사를 한다. 수신호로 뒤에 오는 차들을 옆 차선으로 안내한다. 정체 상태라 속도 내지 못한 차들이 비상등을 켜고 옆 차선으로 옮겨 간다. 땀은 삐질삐질 흐르고 머리는 복잡하다. 5분 정도 차량 유도를 하니 후미 20미터부터 차들이 자연스레 옆 차선으로 주행한다. 안전거리가 확보되었다. 다시 탑승해 시동을 걸고 1단 기어를 넣었다. 클러치에서 발을 떼는데 올라오지 않는다. 기도하는 심정으로 클러치 밑으로 발을 넣어 천천히 천천히 밀어 올렸다. 올라온다. 액셀을 지그시 밟으니 출발이 된다. 2단, 3단 기어변속도 된다. 일단 안성휴게소에 가서 대책을 세우기로 한다. 비상등을 켜고 4차선으로 4단

넣고 5킬로미터 앞 안성휴게소까지 이동해 차 없는 곳에 주차한다. 지옥 같은 긴장의 30분이 지나고 정신을 차린다.

차주에게 전화하니 "어찌 방법이 없을까예?" 한다. '헐~ 아니, 이 사람아. 그걸 나한테 물으면 어떡하니?'라는 말이 목구멍까지 올라왔지만, "네. 어찌할지 판단해 주시고 저도 방법을 한번 알아보겠습니다." 하고 전화를 끊었다. 카센터 후배는 "클러치 걸림쇠가 부러진 거 같은데 휴게소 긴급 정비라도 받으세요. 그냥 운행하지 마시고요." 한다. 찾아보니 정비소가 없다. 첩첩산중이다.

긴급 처방이라도 해야 한다. 혹시나 해서 손으로 클러치를 눌렀다 뗐다 반복한다. 어라! 반동이 손으로 느껴진다. 몇 번을 더 하고 눌렀다 손을 떼니 클러치가 올라온다. 유압식이라 압이 찼나 보다. 시동을 걸고 기어변속과 전진, 후진, 정지를 해 보니 클러치가 정상 작동된다. 아이고~ 하느님, 부처님, 감사합니다. 시동을 끄고 고객에게 전화한다. "사장님, 손으로 클러치 펌핑을 했더니 압이 차는지 일시적으로 올라오긴 합니다." "아, 다행입니다. 가져오기만 하면 당장 정비 맡기면 됩니다. 혹시 고속도로 차량이 확 줄어들 때까지 식사하시고 기다렸다 살살 한번 운전하면 안 되겠습니까? 대기 비용으로 1만 원 더 드릴게요." 한다. 머리가 복잡하다. 안전도 중요한데, 현실적으로 판단을 해야 한다. 만약에 보험 불러 견인하면 탁송은 끝이다. 탁송료는 반토막 나고 안성휴게소에서 대구는 또 어찌 갈지 막막하다. "알겠습니다. 제가 한 번 더 점검해 보고 판단하겠습니다." 하고 전화를 끊는다.

이러는 사이 얼추 1시간이 지나 8시가 넘는다. 고속도로에 차량도 줄어든다. 이 정도면 주행 중에 정차할 가능성은 거의 없겠다. 다시 시동을 걸고 차량 없는 휴게소 구석으로 몇 번이나 기어변속을 하며 주행해 본다. 클러치가 제대로 올라온다. 도로에만 올리면 기어변속도 많이 할 필요 없이 직진만 하면 된다. '그래! 이 정도면 가 볼 만하겠다. 차가 서도 대구 가서 서야 해결책이 나오지 여기서는 답이 없다.' 4단까지 변속해서 휴게소를 나선다. 초집중하며 비상등을 켜고 4차선으로 진입한다. 1, 2차선과 달리 4차선 주행 차량은 아예 없다. 천만다행이다. 5단과 6단 변속도 자연스럽다. 이대로 대구까지 가기만 하면 된다. 혹시나 주차하면 클러치가 말썽을 일으킬까 싶어 소변도 참아 가며 서대구IC까지 3시간을 논스톱으로 달렸다. 천만다행으로 중간에 말썽

없이 밤 11시에 상사에 주차했다. 화장실에서 변강쇠 수준으로 소변을 보고 나니 온몸이 뻑적지근하다. 집에 오니 자정이다. 오전 6시 대구에서 안동으로 출발해 딱 18시간 만이다. '하루가 오늘처럼 길면 불로장생하겠다.' 생각하며 혼자 피식 웃는다. 무사한 귀가에 모든 게 그저 감사할 뿐이다.

플랫폼 노동자 중 가장 열악한 노동을 하는 '3.3 노동자'* 들이 늘어만 간다. 노동자이지만 사업자로 분류되어 4대 보험은 언감생심이다. 벼룩의 간을 빼먹듯이 쥐꼬리 같은 하루 일당에서 배차와 동시에 탁송 수수료와 사업자 소득세를 먼저 떼어 간다. 탁송료 구조도 어이없지만, 더 심각한 것은 안전과 건강 문제이다. 탁송은 장거리 운행이라 졸음이 올까 싶어 기사들 대다수가 점심을 아예 안 먹는다. 하루 벌이에 콜 하나 더 잡으려면 시간이 돈이다. 빠듯한 탁송 시간에 쫓겨 버스 정류장에서도 지하철에서도 3.3 노동자들은 뛰고 또 뛴다.

세계 경제 10위를 자랑하는 대한민국의 2023년 산재 사

---

*근로소득세가 아닌 사업소득세 3.3퍼센트를 납부하는 개인사업자. 즉 사장으로 위장된 노동자를 '가짜 3.3 노동자'로 부른다.

망자는 598명이다. 하루에 1.63명이 일터에서 죽어 나간다. '출근할 때 모습 그대로 가족 곁으로 돌아갈 수 있는 안전한 일터'라는 정부의 캠페인이 3.3 노동자에겐 꿈 같고 배부른 소리로만 공허하게 메아리친다.

수상 소감

부족한 생활담을 선택해 주신 〈작은책〉에 너무 감사드립니다.

탁송 노동이 힘들기도 했지만 아무런 법적 보호도 없는 현실이 당혹스러웠습니다. 국민이 잘 알지 못하는 플랫폼 노동에 대한 실상을 조금이라도 알리고 싶었습니다. 우리 사회의 노동 현실은 더욱 비참해지는 것 같습니다. 비정규직 노동자들은 정규직을 부러워합니다. 중소기업 노동자들은 대기업 노동자를 부러워합니다. 같은 국민이고 동일 노동을 하지만 기업 규모와 자본의 지불 능력에 따라 신분과 임금의 극심한 차별을 받으며 강요된 불평등한 삶을 살아갈 수밖에 없습니다.

하지만, 이 불평등한 링에도 올라가지 못하고 배제된 사람이 바로 플랫폼 노동자입니다. 영세 사업장 비정규직보다 열악한 노동조건에서 일을 하지만 개별 사업자라는 이유로 근로기준법의 적용도 받지 못합니다. 플랫폼 운영업체가 매월 사용료를 떼어 가고 탁송업체는 20퍼센트의 소개 수수료와 관리비를 떼어 가지만, 당사자 간 계약이라는 이유로 합법적 착취를 당해야만 합니다.

〈작은책〉 독자들께서 플랫폼 노동과 처우 개선에 많은 관심을 가져 주시길 부탁드립니다. 소중한 〈작은책〉 감사합니다.

쿠팡을 하다

이동수 | 〈작은책〉 독자

회사를 그만두고 두 달 반을 쉬었다. 무슨 계획이 있었던 건 아니다. 그냥 나이를 먹을수록 인간관계에 신경 쓰는 게 힘에 부쳤다. 혼자 있는 게 좋았고 타인의 시선을 견디는 게 버거웠다. 요즘은 사회생활에서 생기는 깃털 같은 갈등도 바위처럼 느껴진다. 무던해지는 게 말처럼 쉽지 않다.

아무도 내 생계를 책임져 주지 않으니 다시 몸을 굴려 돈을 벌어야 했지만, 취업할 생각을 하면 두렵고 막막했다. 커피도 문화생활도 모조리 끊었다. 최소한의 식비만으로 생활하며 지출을 조여 봤지만 아무리 아껴도 공짜로 살아가는 건 불가능했다. 돈을 쓰지 않은 날들이 며칠 동안 이어지면 잘 버텼다는 생각이 들기도 했다. 하지만 한 달에 한 번 고정비가 빠져나가고 나면 통장 잔고는 싹둑 잘려 있었고, 내 마음도 그만큼 쪼그라들었다.

다가올 날을 생각하면 아르바이트를 해서라도 최소한의 생활비는 마련해야 했다. 굶어 죽더라도 다른 사람에게 민폐를 끼치고 싶지는 않았다. 채용 사이트에 들어가 집 근처에서 할 만한 아르바이트를 찾아봤다. 카페나 음식점의 구인이 가장 많았지만 단기로 할 수 있는 일들은 아니었다. 그 와중에 쿠팡의 채용 공고가 눈에 띄었다. 쿠팡은 비슷한 내용의 채용 공고 수십 개를 복사-붙여넣기 식으로 사이트 이곳저곳에 노출시키고 있었다. '일 최대 24만 원' 쿠팡은 한 번쯤 클릭하고 싶은 자극적인 문구로 유혹하고 있었다. 하지만 굳이 내용을 보지 않아도 나에겐 현실성이 없는 금액처럼 느껴졌다.

집 근처에 있는 쿠팡 물류센터는 너무나 거대해 창고라기보다 요새 같았다. 그곳에서 사람들을 태운 수십 대의 관광버스가 빠져나오는 것을 본 적이 있다. 지나가다 살펴보면 주차장이 부족한지 물류 창고 주변 도로에 자동차들이 빼곡하게 이면 주차되어 있었다. 저 커다란 요새 안에서 수

많은 사람들은 도대체 무슨 일을 하고 있을까?

며칠 전에도 쿠팡에서 일하던 중년 남성이 사망했다. 사람들이 계속 죽어 나갔지만 또 다른 누군가는 여전히 쿠팡에서 일을 하고 있었다. 반복되는 죽음은 내 일이 될 수도 있었다. 그래서 선뜻 지원하기가 꺼려졌지만, 한편으론 궁금하기도 했다. 마침 추석 연휴 기간에만 단기로 일할 사람을 구한다는 공고를 보게 되었다. 일반적인 물류 창고 업무가 아니라 도서 물류만 별도로 취급하는 일이었다. 마흔 중반, 실업자 신세로 명절에 부모 얼굴을 마주할 염치는 없었다. 용돈 한 푼 드리지 못하는 처지가 꼴사나워 적당히 핑계도 댈 겸 별일이야 있을까 싶어 지원을 해 보았다.

과정은 간단했다. 이름, 나이, 사는 곳, 연락처. 이 네 가지 정보를 채용 공고에 기재된 연락처로 문자 전송하는 게 절차의 전부였다. 그리고 한 시간도 지나지 않아 담당자에게서 전화가 왔다.

이틀 후 지정된 장소에서 간단한 면접을 보았고, 추석 연휴 바로 전날부터 끝나는 날까지 총 6일 동안 일하기로 하였다. 하지만 내가 일하게 될 곳은 그 거대한 물류 창고가 아니었다. 면접을 보러 가서 알게 된 사실이었지만 도서 물류만 따로 모아 쿠팡 이름으로 택배를 발송하는 외주업체가 별도로 존재했다. 그 와중에 나를 채용한 곳은 심지어 그 쿠팡의 외주업체도 아니었다. 그 외주업체의 채용을 대행해 주는 또 다른 외주업체가 있었고 난 하청의 하청 소속이 되어 며칠을 일하게 되었다. 고작 며칠인데 하청이든 하청의 하청이든 뭐가 그리 달라질까 싶어서 더는 생각하지 않았다.

일할 곳은 내가 사는 파주에 있었지만 집에서는 거리가 있었다. 차로 40분을 달려 문자로 안내해 준 곳에 도착하니 샌드위치 패널로 지어진 물류 창고 여러 동이 눈에 들어왔다. 내가 일할 곳을 찾아 들어가니 창고 안에는 이미 서른 명 정도의 사람들이 바삐 움직이고 있었다. 새 책에서 풍기는 종이 냄새가 슬며시 코를 자극했다. 그들은 낯선 사람이 들어와도 별다른 반응을 보이지 않았다. 내가 가까이 다가가도 먼저 말을 걸어오는 사람은 없었다. 따로 사무실은 보이지 않았고, 창고 한편에 책상 두 개가 어정쩡하게 놓여 있었다. 거기에 앉아 컴퓨터를 들여다보고 있는 사람이 관리자인 듯했다. 다들 서서 일하고 있었지만 그 사람만 유독 자리에 앉아 있었다. 그에게 다가가 오늘부터 단기로 일하게 되었다며 내 소개를 했다. 머리가 벗겨진 그 중년 남성은 인사도 생략하곤 곧장 누군가를 호출했다. 그의 부름에 40대로 보이는 여자분이 포장을 하다 말고 이쪽으로 다가왔다. 그는 나를 데리고 다니며 앞으로 하게 될 일에 대해 건조한 말투로 설명해 주었다.

400평 정도 되어 보이는 창고 안에는 철제 책꽂이 수백 개가 일정 간격으로 늘어서 있었다. 책꽂이는 소설, 에세이, 문제집, 만화책 등 온갖 종류의 책으로 가득 차 있었다. 그 많은 책꽂이도 부족했는지 미처 진열하지 못한 책들은 나일론 끈으로 묶여 팰릿 위에 뭉텅이째 쌓여 있었다.

채용 공고의 내용대로 업무는 단순했다. 업체에서 지급한 PDA 단말기를 들고 고객이 주문한 책을 찾아서 모아 오면 그 책을 포장하여 송장을 붙였다. 포장된 책은 배송 지역별로 분류되어 다시 한번 커다란 박스에 담겼다. 그곳에서는 이 과정을 집품-포장-분류라고 불렀다. 효율을 위해 각 단계는 분업화되어 있었지만 일하는 사람들에게 항상 고정된 역할이 주어지는 건 아니었다. 초보자나 나이가 있는 사람들이 주로 집품을 담당했고, 여성들은 포장 업무, 힘을 써야 하는 젊은 남자들은 대부분 분류 업무에 배정되었다. 나는 초반에는 집품을 하다가 분류 업무가 밀리기 시작하면 그쪽으로 옮겨서 일을 했다.

내가 속한 조의 근무시간은 오후 4시 30분부터 밤 12시 30분까지 총 8시간이었다. 6시부터 7시까지가 식사 시간을 겸한 유일한 휴식 시간이었다. 식사는 도시락이 제공되었다. 훌륭하지도 크게 불만이 나올 만큼 엉망이지도 않았다. 왜 그런 생각이 들었는지는 모르겠지만 하청의 하청으로 온 일용직에게 딱 적당한 수준이란 생각이 들었다. 처리해야 할 물량에 따라 9시가 되면 10분 정도 쉬어 가기도 했는데 그나마도 바쁠 땐 생략되었다. 기존 근무자의 이야기를 들어 보니 이곳에서만 하루에 6,000~12,000개가량의 택배가 출고된다고 했다. 대부분 단권 포장이었지만 전집이나 세트도 종종 끼어 있어서 책은 얼추 하루에 만 권 정도는 판매되는 것 같았다.

몸 쓰는 일 위주로 생계를 유지해 왔지만 과거 일들과 비교해 봐도 쿠팡의 노동강도는 센 편이었다. 집품과 분류를 쉬지 않고 반복해도 주문 건은 끝이 없이 쌓였다. 빠른 속도로 반복 작업을 계속해야 하다 보니 물량이 몰리면 생각할 틈도 없이 몸이 먼저 반응했다. 일한 지 몇 시간이 지나지 않았는데도 손이 내 의지와 상관없이 움직이는 게 느겨졌다. 분류 작업은 그런대로 할 만했지만, 집품을 위해 400평 정도 되는 창고 안을 쉬지 않고 왔다 갔다 해야 하니 시간이 지날수록 발이 아파 왔다. 전 직장에서도 하루 종일 서서 일했지만 활동 반경이 지금처럼 넓지는 않아서 견딜 만했는데, 이곳에서는 끝나는 날까지도 발이 아픈 건 해결되지 않았다. 생각을 멈추고 일에 집중해야만 고통스러운 느낌을 머리에서 지울 수 있었다.

8시간 중 휴게 시간을 제외하면 순수 근무시간은 7시간, 일당은 10만 원이었으니 최저시급보다는 높은 액수였다. 그렇다고 일을 하는 동안 내가 돈을 많이 받고 있다는 생각은 들지 않았다. 다른 쿠팡 물류센터처럼 교통편을 제공하는 것도 아니었고 야간 근무도 2시간 반이 포함되어 있어서 이 정도 금액 이하로는 일할 사람을 구하기가 어려울 것 같았다.

쿠팡 물류센터에서 사람을 가장 괴롭히는 게 더위와 습기라고 들었는데, 그나마 다행인 건 이곳은 그 문제만큼은 심각하지 않았다. 보통의 쿠팡 물류센터와 다르게 약한 수준이었지만 에어컨과 제습기가 계속 돌아가고 있었다. 사람을 생각한 게 아니라 습기에 약한 책의 보관 상태를 유지하기 위한 조치였지만 이유야 어쨌건 작업자 입장에선 다행이었다.

작업장 분위기는 예상했던 것처럼 딱딱하지는 않았다. 업무는 기존 근무자를 중심으로 꽤 조직적으로 돌아갔고, 나를 포함한 초보자들은 그들이 이끄는 대로 금세 작업에 익숙해졌다. 쉴 새 없는 주문에 이미 작업 속도를 최대치로 올린 상태여서 관리자는 굳이 작업자들을 독려하거나 닦달하지 않았다. 그들은 PDA에 찍히는 책의 수량, 모니터에 보이는 현재 주문량 같은 것으로 업무 진행 상황을 수시로 체크하고 있었다. 중간중간 "몇 개 남았어요." 하며 남은 물량을 공유해 주기도 하였다. 그들은 몇 명이 몇 시간을 일해야 오늘 일을 처리할 수 있을지 이미 계산이 서 있는 것 같았다. 한두 명 정도 차이는 있었지만 매일 비슷한 인원이 작업에 투입되었고, 첫날을 제외하면 연휴 기간 내내 노동강도는 크게 다르지 않았다.

이곳에서 발송되는 물량은 단 하나의 예외도 없이 모두 로켓배송 건이었다. 자정까지 주문이 들어왔고 그 물량은 절대 내일로 미룰 수 없었다. 끝나는 시간은 정해져 있었고, 제시간에 퇴근하려면 부지런히 움직일 수밖에 없었다. 당일 자정 전에 주문하면 다음 날 집에서 물건을 받을 수 있는 시스템이라니…. 과연 그게 정말로 가능할까 싶었지만 내가 바로 그 일을 하고 있었다. '쿠팡 없는 세상에서 어떻게 살았을까?' 하고 모든 사람들이 생각하도록 만드는 게 쿠팡 대표 김범석의 목표라고 했다. 그의 다짐은 내 눈앞에서 현실이 되고 있었다.

로켓배송은 그야말로 획기적인 시스템이었지만 생각만큼 대단한 비밀을 감추고 있지는 않았다. 내가 경험한 로켓배송은 결국 수많은 노동력의 결합, 그 이상도 이하도 아니었다. 여러 가지 편리를 위해 기계 대신 사람으로 물량 공세를 하고 있을 뿐이었다. 나는 그들이 만들어 놓은 거대한 자동화 시스템의 간극을 메우는 연결 고리였고, 그야말로 물리적인 존재일 뿐이었다.

그곳에서 일을 하는 시간이 늘어날수록 나라는 존재는 투명해져서 사라지고 있었다. 단순 작업을 끝없이 반복하기 때문에 느끼는 기분만은 아니었다. 육체노동은 어딜 가나 약간의 차이가 있지만 반복의 연속이다. 하지만 쿠팡의 일은 그 결이 달랐다. 일하는 내내 나는 사람이 아니라 사람처럼 움직이는 기계가 된 기분이었다. 쿠팡은 그저 아직 사람처럼 움직이고 사람보다 싸게 먹히는 기계가 없기 때문에 사람을 선택하고 있는 듯했다. 이제서야 그들이 수많은 일용직을 원하는 이유를 알 것 같았다.

하지만 역설적이게도 쿠팡의 그런 점 때문에 어느 정도의 익명성이 보장되었다. 적어도 지금의 나에겐 그 부분이 장점으로 다가왔다. 힘들고 고된 일이 분명했지만 일하는 동안은 굳이 내가 누구인지 드러내지 않아도 되었다. 첫날, 업무를 위해 신분을 확인할 때 말고는 아무도 내가 누구인지 묻지 않았다. 적어도 그곳에서는 관계에 대해 많은 생각을 하지 않아도 되었다. 일이 끝나고 각자의 집으로 돌아가면 관계는 끝났다. 내일 다시 보게 될지 아닐지 묻는 이는 아무도 없었다.

쉬는 동안 체력이 많이 약해졌는지 아니면 일 자체가 그만큼 힘들어서였는지, 첫날 일을 마치고 집에 돌아오자 진이 빠져 버렸다. 곧장 잠이 들어 다음 날 오후 2시가 지나서야 간신히 자리에서 일어날 수 있었다. 간단히 요기를 한 뒤 씻고 나면 곧 다시 일하러 갈 시간이었다. 조금씩 차이는 있었지만 6일 내내 이런 패턴으로 생활을 했다. 일하는 기간이 짧아서인지 시간이 지나도 딱히 적응이 된다는 느낌도 들지 않았다. 정 할 일이 없으면 쿠팡이나 한다고 했지만, 그건 결코 쿠팡의 업무가 만만해서 생긴 말은 아니었다. 시작은 쉽게 할 수 있었지만 이 일을 장기간 지속하거나 아예 업으로 삼는 건 전혀 다른 차원의 문제로 보였다.

어찌 되었건 추석 연휴 마지막 날은 다가왔고, 난 6일간의 단기 근무를 무사히 마쳤다. 다음 날 채용 담당자에게 연휴 동안 고생했다는 인사와 함께 수시로 채용을 하고 있으니 필요하면 연락하라는 내용의 문자를 받았다. 정중하고 거부감이 들지 않는 단어를 골라 길게 늘여 쓰고 있었지만, 결국은 인원 수급을 위한 형식적인 단체 문자였다.

어떤 이는 쿠팡이 '마지막 아르바이트'라고 말했다. 난 그동안 쿠팡보다 훨씬 힘들고 열악한 작업환경에서도 일한 경험이 있다. 하지만 직접 경험해 보니 '마지막'이란 그 말이 무엇을 의미하는지 어렴풋하게 알 것도 같았다. 불과 며칠의 경험으로 쿠팡의 노동조건에 대해 많은 것을 알고 있는 것처럼 말하는 건 분명 주제넘은 짓이다. 하지만 내 생각에 쿠팡은 노동시장에서 일종의 마지노선을 만드는 걸로 보였다.

이번에 단기 아르바이트를 구하면서 수많은 채용 공고를 보았고, 실제로 쿠팡은 그 가운데서 나에게 기준점 역할을 하고 있었다. 간단한 채용 절차, 단순한 업무, 최저임금보다는 나은 급여 그리고 빠른 지급. 여러 경로로 알게 된 쿠팡의 노동조건을 머릿속에 떠올리면 실제로 다른 일들과 비교하기가 수월했다. 모호한 내용을 담은 수많은 채용 공고보다 쿠팡의 그것은 적어도 솔직한 편이었다. 그들은 분명히 말하고 있었다. 나에게 아주 작은 톱니바퀴 정도의 역할을 바란다고. 나 역시 그저 하루 동안 그들이 원하는 역할을 수행하면 그만이었다. 내가 빠져나가도 다음 날이 되면 또다시 누군가 그 자리를 대체할 것이다. 운이 좋으면 죽지 않고 살아남을 것이고 대가를 위해 월급을 기다리듯 한 달을 견디지 않아도 되었다.

그리고 또 선택하면 되었다. 더 할 것인지 그러지 않을 것인지.

내일이면 며칠 일한 대가로 50만 원 남짓한 돈이 통장에 들어온다. 다시 얼마간은 쫓기는 느낌으로 살지 않아도 될 것 같다. 하지만 문득 궁금해졌다. 앞으로 난 무슨 일을 할 수 있을까? 내 존재를 증명해 내며 익명이 아닌 기명으로 살아가는 게 가능할까? 그리고 다시는 이곳에 돌아오지 않을 거라 확신할 수 있을까? 지금 당장은 답하기 힘든 질문들이 머릿속을 오갔다. 추석 동안 가득 찼던 달은 며칠 사이 기울고 있었다.

부모가 죽어도 나와야 하는 직업

이용덕 | 택배노동자

택배 한 지 2년이 조금 넘었다. 예상보다 훨씬 힘들었다. 2년 동안 소장이 세 번 바뀌었는데, 처음에 같이 일한 소장은 택배는 부모가 죽어도 나와야 하는 직업이라고 했다. 아파도 쉴 수 없었다. 여름에는 비 오듯 땀을 흘려 항문이 허는 날이 많았다. 겨울에는 빙판이 진 언덕길을 오르다 여러 번 미끄러져 다치기도 했다.

동료들은 3년 전 코로나가 터진 후 물량이 30퍼센트 정도 늘었다고 했다. 늘어난 물량을 감당하느라 늦게까지 일하는 기사들이 많았다. 안 힘든 택배가 어디 있을까마는 구역에 따라 차이가 꽤 많이 나는데, 내가 맡은 구역은 소위

'C급지'라 불리는 구역으로 엘리베이터가 없는 빌라 밀집 지역이다.

물량이 적은 월요일과 토요일을 제외하면 하루 300개 이상의 택배 물품을 싣고 나가야 했는데, 밤 9시 이전에 끝나는 날이 거의 없었다. 일을 처음 배울 때는 새벽 두세 시까지 일하곤 했다. '까대기'라 불리는 분류 작업은 아침 7시부터 시작된다. 물량이 많을 때는 까대기가 오후 1시나 2시에 끝났다. '2시 출차는 살인'이라는 말도 있는데, 짐을 다 싣고 오후 1시나 2시에 첫 배송을 시작하면 숨 돌릴 틈도 없다. 쉬지 않고 일해도 밤 9시 이전에 끝내긴 어렵다.

더군다나 내가 일하는 택배사는 '똥짐'이 많기로 유명한데, 똥짐이 많은 날엔 배송이 두 배로 힘들다. 부피가 크고 무거운 짐을 '똥짐'이라 부르는데 똥짐의 종류는 다양하다. 쌀, 감자, 옥수수, 양파 등 농산물이 있고 반찬 가게, 배달 가게, 음식점에서 시키는 그릇이나 용기가 있다. 여름에도 농산물이 많지만 11월엔 특히 농산물이 많아서, 하루에 쌀이 30~40박스 이상 온다. 명절에도 부피가 크고 무거운 각종 선물 세트가 많이 온다.

노동자들은 당일 배송을 위해 최선을 다한다. 당일 배송

배달할 물건들이 택배 차량에 쌓여 있다. 사진 제공_이용덕

을 하지 못하고 배송을 미루는 걸 '재운다'고 하는데 물량이 많은 날이나 똥짐이 많은 날에는 다 싣지 못하니 재우는 물건이 생길 수밖에 없다. 재우지 않으면 효율이 너무 떨어져 재우기도 한다. 차도 올라가지 못하는 산동네 빌라 5층을 매일 가면 시간이 너무 걸리니까 이틀 치를 모아서 배송한다.

'당일 배송 좋은 거 누가 몰라요? 그런데 내가 못 견디겠는 걸 어떻게 합니까?' 같이 일하는 태원이의 하소연이다. 원청에서 수시로 지표를 보여 준다. 전략 고객사 물건을 당일 배송하지 않으면 기사가 1,000원을 물어내야 한다. 이 압박이 기사들에게 미치는 영향이 분명 있다. 재우고 싶은 물건이 있어도, 재워야 하는 물건이 있어도 재우지 못하고 최대한 많이 싣고 나가야 한다.

배고픔을 참아 가며 일해야 하는 많은 직업 중의 하나가 택배다. 점심 혹은 저녁을 챙겨 먹는 기사들이 아예 없는 건 아니지만 대부분의 기사들은 굶고 일한다. 정 참을 수 없으면 김밥이나 라면으로 허기를 달래는데 그 시간조차 아까울 때가 많다. 배송 물량이 많은 기사는 9시 이전에 배송을 끝내기 위해, 배송 물량은 적지만 집하를 해야 하는 기사는 집하 시간 때문에 시간에 쫓긴다.

지난 설 때 물량이 하도 많아 새벽 1시까지 일했다. 국밥집에 배송을 갔는데, 그 시간에 주인이 국밥 한 그릇을 포장해 줬다. 집에 와서 허겁지겁 먹다가 눈시울이 붉어졌다. 비슷한 경험은 꽤 많다. 직접 구운 빵과 과일을 문 앞에 놓고 새벽 3시까지 기다려 주던 고객이 있었다. 아이스박스를 너무 늦게 배송해 미안하다고 했는데, 이제라도 와 줘서 고맙다고 했다. 하루 12~13시간, 아니 15시간 이상의 장시간 노동을 버티게 하는 요인이기도 하다. 하지만 배려와 존중, 격려… 그것만으로 계속 버틸 수는 없다.

심야 배송 금지라는 이유로 밤 9시 이후에 완료 스캔을 찍을 수 없다. 미리 완료를 누르고 배송을 이어 가는데 고객들의 전화가 빗발친다. 완료 문자는 들어왔는데 물건이 어디 있냐고. 일일이 설명하는 기사들도 있지만 너무 신경이 쓰여 아예 핸드폰 꺼 놓고 배송하는 기사들도 있다. 영수 형님은 자기들(원청) 빠져나갈 구멍만 만들어 놓았다고 했다. 구역이 너무 넓고 물량이 많아 심야 배송을 할 수밖에 없는 기사들이 많은데 인원 충원과 노동조건 개선 같은 근본 대책보다는 전산 막아 놓는 걸로 면피를 하려고 한다.

끼니를 거르고 일하다 보니 위장병이 생겼다. 저녁 7시나 8시쯤 배송을 하러 간 집에서 된장찌개, 김치찌개 냄새를 맡으면 너무 괴롭다. 참고 일한 후 집에 와서 폭식을 하니 위장에 탈이 났다. 기사들은 근골격계 질환은 기본이고 위장병, 심혈관계 질환 등 각종 질병에 시달린다.

그래도 돈은 많이 벌지 않느냐고 묻는 고객들도 있다. 현우는 그런 고객에게 가장 많이 번 달의 수수료 내역서를 보여 준다고 했다. 이렇게 벌 수는 있는데 골병들 각오는 하라는 말을 꼭 덧붙인다고 했다.

건당 수수료는 택배사마다 다르고 같은 택배사라 하더라도 구역에 따라 다 다르다. 내가 일하는 구역은 'C급지'라 건당 수수료가 900원이다. B급지는 850원이다. 6,000개를 배송하면 540만 원이다. 주 6일 근무에다 연월차는 말할 것도 없고 휴가도 하루 없이 아파도 쉬지 못하면서 뼈 빠지게 일하며 받는 수수료다. 더군다나 이건 매출이지 수익이 아니다. 540만 원에서 소장이 10퍼센트를 떼어 간다. 부가가치세, 종합소득세, 보험료, 기름값, 차량 할부금, 식비 등을 제외해야 한다. 하루 15시간 이상의 장시간 노동을 생각하면 시간당 최저임금을 겨우 넘는 수준의 월급(수수료)을 받는 셈이다.

언론에선 연봉 1억을 버는 기사들이 많다고 하지만 허상이다. 아내나 아들과 함께 배송하고 집하도 아주 많이 해서 1억을 버는 기사가 있기야 하겠지만 대다수 기사들의 상황과는 아주 거리가 먼 얘기다.

정부나 사장들은 우리 보고 사장이라고 하는데 아무런 권리도 없는 사장이 있을까? 물량과 구역도 내 마음대로 정할 수 없다. 수수료도 내 맘대로 정할 수 없다. 쉴 수도 없다. 원청의 물량을 원청의 지시대로 배송해야 하는 특수고용노동자일 뿐이다.

2020년 22명의 택배노동자가 과로로 숨졌다. 2020년 10월 12일 한진택배 동대문지사에서 근무하던 36살 김모 씨가 자택에서 쓰러져 숨졌는데, 그가 동료들에게 보낸 문자 중에 이런 내용이 있었다. "어제도 집에 도착 (새벽) 2시, 오늘 5시."

아무리 생각해도 택배노동자의 노동시간은 너무나 길다. 하루 15시간 이상의 장시간 노동에서 벗어나고 싶은 건 무리한 욕심일까?

긴 연휴가 끝나고 물량이 산더미처럼 쏟아지고 있다. 어제 390개, 오늘 380개. 많이 재웠는데 재운 물건이 자다가 깰지도 모르겠다. 서로 이틀만 버텨 보자고 하는데, 이번 일요일과 월요일도 연휴, 다음 주까지 후폭풍이 예상된다.

대우받고 싶으면
공부해서 대기업 다니지

최효 | 공공운수노조 쿠팡물류센터지회 인천분회 부분회장

 나는 쿠팡 물류센터의 해고 노동자다. 물류센터는 불안정 노동의 표본과 같은 곳이다. 가령 쿠팡 물류센터의 일용직 노동자라면 출근하기로 한 당일에 물량 감소로 일하러 오지 말라는 문자를 받는 일이 꼭 생긴다. 그리고 재직 기간 2년 미만의 계약직 노동자라면, 어떠한 사유도 알지 못한 채 재계약에 탈락되어 잠시 분한 마음을 갖다가 '그래, 실업급여 받고 푹 쉬다가 다시 쿠팡으로 오자.' 하고 마음먹었던 일을 직접 겪거나 들어 본 적이 있을 것이다. 쿠팡에는 이런 비정규직 노동자가 전체 노동자의 97.5퍼센트를 차지한다. 그렇기 때문에 '해고'가 나에게도 어색하게 느껴지는 것은

이 현장이 비정규직의 일터라는 더없는 반증일 것이다.

처음 쿠팡 물류센터에 발을 들였던 2017년 10월을 기억한다. 대학을 졸업한 뒤 1년 반이 넘도록 단시간 아르바이트를 쉬지 않고 했다. '온전히 취업 준비만을 할 수 있는 시간'을 마련하기 위해서였다. 하지만 그렇게 힘들게 벌어 낸 시간들은 체력을 보충하는 데에 다 써 버리곤 했다. '알바'라고 쉽게 불리는 노동자들로 유지되는 사업장은 어느 한 곳도 일이 단순하다거나, 노동강도가 약하지 않았다.

쿠팡 물류센터도 마찬가지였다. 택배도 이용하지 않았던 내가 물류센터가 어떤 곳인지 알고 갔을 리가 없다. 무기력에 점점 더 깊이 빠질 때쯤, "쿠팡으로 가 봐. 요즘 핫한 곳이야. 출근하고 싶은 날만 갈 수 있어서 취준생들이 많이 간대. 그리고 개인플레이가 가능해서 너랑 잘 맞을 거야." 친한 언니의 추천에 귀가 솔깃했다.

그 언니의 말은 맞아 들었다. 팰릿 위에 아무렇게나 널브러져 있는 쌀 포대들, 수많은 종류의 물건이 규칙 없이 마구 쑤셔 넣어져 어디서부터 어떻게 손대야 할지 알 수 없는 진열장들은 질서 정연함을 싫어하는 내게 편안함을 느끼게 해 주었다. 또 '이런 걸 판다고?'라는 말이 절로 튀어나오게 만드는 희한한 물건들, 깊은 밤에도 넓은 공간을 가득 메웠던 활기, 그리고 어린 시절 대형마트에 갔을 때나 느낄 수 있었던 진한 세제 냄새들이 좋았다. 개인플레이가 가능하다는 점 외에 나를 강하게 매료시켰던 이유들이 더 있었다는 건 그 언니는 몰랐을 것이다.

쿠팡이라는 자본에 맞서게 된 것도, 이렇게 아주 개인적이고 사소한 이유들로부터 출발한다. 이 공간이 나를 어떠한 존재로 대하는지 알고 싶어졌고, 부적절감은 왜 생기는지, 나는 무엇을 원하기에 이러한 간극이 생기는지 탐구하고 싶어졌다. 쿠팡이 나를 사람이 아닌 기계로 대할 때 역시나 자신도 그저 UPH(Unit Per Hour, 시간당 생산량)만 올리면 그만인 존재 같았다. 평균 UPH에 따라 상급 관리자의 태도는 매우 달라졌고, 일터에서의 내 지위와 연결되었다. 그게 그토록 싫고, 받아들이기 힘들었던 이유는 아마 나는 UPH 숫자가 아니어도 괜찮은 존재이고 싶었기 때문일 것이다.

2019년에 시행되었던 '베스트 사원' 제도는 내가 사람이 아닌 숫자로 느껴지는 폭력에 저항하게 된 결정적 계기가 되었다. 쿠팡은 마켓컬리의 샛별배송을 따라잡기 위해 새벽배송을 도입했고, 현장에서는 죽음의 속도전이 시작되었다.

쿠팡 물류센터 노동조합 선전물. 사진 제공_공공운수노조 전국물류센터지부

쿠팡은 매주 사내 게시판에 UPH가 높은 순으로 이름이 나열된 종이를 붙였다. '저런 거에 관심 가지면 안 돼.'라고 생각하면서도 매주 벌떼처럼 게시판 앞으로 모여든 사람들 틈바구니에 나도 끼어 있었고, 결국 내 위치를 확인하고 싶은 욕구를 누르지 못했다.

또 쿠팡은 육체노동 현장에서 정말 중요한 비품을 UPH 성적이 좋은 사람에게만 최신식으로 지급했다. 구형과 확연히 다른 최신 PDA, 최신 카트, 최신 스캐너들이 UPH가 높은 사람들에게만 지급되자 현장에는 묘한 긴장감이 돌기 시작했다. 나 또한 UPH 성적이 비슷했던 사람에게 뒤처지고 싶지 않아서 무리해서 더 빨리 달리고, 일을 더 빨리 시작한

적이 있다. 이 제도에 굉장한 분노를 느끼면서도 자본의 의도대로 행동하는 나 자신이 말할 수 없을 만큼 부끄러웠다. 그리고 이건 나의 문제가 아니라, 집단의 분위기를 이기는 건 그 누구라도 어려운 일이라는 것을 뼈저리게 깨닫게 되었다.

주문한 다음 날 상품이 집 앞으로 도착하는 로켓배송은 '금맥'이 흐르는 쿠팡의 정체성이라고 할 수 있다. 새벽배송이 필요한 만큼 시간 빈곤에 시달리는 사람들이 많은 게 현실이라면 이 사회에서 장시간 노동이 사라지는 게 우선일 것이다. 근본적인 해결 없이 일개 기업이 '새벽배송' 따위로 사람들의 필요를 채우는 듯한 현상이 내게는 공포로 다가왔다. 쿠팡은 새벽배송 품목을 더 많이 생산하고, 판매하는 것을 목표로 할 것이다. 결국 '왜 이렇게 많이 생산해야 하는 걸까?' 하는 질문에 대한 답을 찾아가는 일은 나에게 중요한 일이 되었다.

더불어, 나의 일터가 사회적으로 안정된 일자리를 얻기 위해 '잠시 거쳐 가는 곳' 취급을 받는 것, 그래서 환경 개선이 딱히 필요하지 않다고 여겨지는 것이 너무나 이상했다. 어떤 일터는 '잠시 거쳐 가는 곳'으로 취급되고, 어떤 일터는 '언젠가 정착하고 싶은 곳'으로 선망되는 그 간극에 커다란 차별이 느껴졌다. 나 역시 물류센터가 어떤 곳인지 전혀 알지도 못하면서 쿠팡을 일주일 이상 다닐 생각이 전혀 없었다. 한두 번 하고 말 생각이었던 일용직 노동을 3년씩이나 하게 된 이유는 물류센터에 매료되었기 때문도 있지만, 쿠팡 노동과 취업 준비 병행은 사실상 불가능했던 점이 크다.

쿠팡이 일용직 노동자를 일회용품처럼 취급한다고 해서 정말 일회용품처럼 일하면 그다음 출근이 보장 안 되는 것은 쿠팡 노동자라면 다 아는 사실이다. 다음에도 채용되려면 회사의 관점으로 스스로 검열해 가며 목숨 걸고 일해야 했다. 여름엔 체감온도 40도가 넘어가고, 휴게 시간 1분도 없이 버텨야 하지만, 남들보다 하나라도 더 많이 집품하고, 하나라도 더 많이 포장해야 했다. 그래서 물류센터는 일하는 사람이 자주 바뀐다.

물류센터의 노동이 천하고, 보잘것없어서가 아닌데, 이 사회는 사회 구성원들이 그렇게 생각하도록 만든다. 고용관계에서 취약한 노동자가 열악함의 최종적인 화풀이 대상이 되곤 했다. 극악의 노동환경을 비판하면 '대우받고 일하고 싶으면 공부해서 대기업 다니지, 능력 안 돼서 알바나 하는 주제에'라는 말을 같은 현장의 노동자가 말하게 되는 것을 자주 보았다. 쿠팡은 일을 잘할 수 있는 환경을 갖추기 위한 노력을 전혀 들이지 않는데도 말이다. '이런 몸 쓰는 일'을 하면서 힘들지 않은 것을 기대하거나, 휴게 시간과 냉난방 설비 등을 요구하는 것은 사치라고 생각하게 만드는 것은 다름 아닌 쿠팡이다. 더 나아가 사람마다 다를 수밖에 없는 업무 숙달의 속도를 기업이 달성해야 하는 생산량에 맞추길 강제하는 자본주의 사회가 근본적인 문제다. 남들보다 배우는 속도가 느리거나, 눈썰미가 없거나, 민첩하지 못한 것은 개개인의 특성일 뿐 이유도 모른 채 해고되는 근거가 될 수 없다.

다음 달이면 해고된 지 1년이 된다. 쿠팡이 지금처럼 휴게 시간 보장, 냉난방 설비 설치, 쪼개기 계약 철폐 등 인간답게 일할 권리를 요구한 사람을 해고해서 문제를 덮어 버리지 못하게 하려면 '해고 노동자'라는 다섯 음절이 끝내 적응되지 않더라도, 계속 힘주어서 말할 것이다. 나는 계약 해지가 아닌 노조 활동으로 인해 부당하게 해고된 해고 노동자이며, 원직 복직을 원한다고, 사람들과 함께 현장을 바꾸고 싶다고 말이다.

아들의 죽음, 쿠팡의 과태료는 10만 원

박미숙 | 쿠팡 칠곡물류센터 고 장덕준의 엄마

저는 2020년 10월 12일 쿠팡 칠곡물류센터에서 근무하다 과로로 사망한 장덕준의 엄마입니다. 아들은 대학 졸업하고 일자리를 찾았는데 일자리가 많지 않아서 좀 기다렸다가 그냥 알바하는 셈 치고 쿠팡에 들어갔어요. 그게 2019년 6월 26일이었거든요. 근무시간은 저녁 7시부터 그다음 날 새벽 4시까지였고, 근무한 기간은 1년 4개월 정도 됐습니다.

그 당시 저희는 야간노동이라는 것에 대해 그냥 좀 위험한 거라고만 알았지, 아들이 목숨을 잃을 정도로 이렇게까지 심각한지는 생각을 못 했습니다.

아들의 마지막 날은… 아들이 퇴근하고 욕실에 샤워하

러 들어갔는데 나오지를 않았어요. 애를 깨워서 응급조치를 하고 가까운 대학병원으로 옮겼는데 결국은… 못 깨어났어요. 그때까지만 해도 과로사니, 야간노동이니, 위험하다는 거는 생각할 수가 없었고 그냥 '빨리 발견하지 못했구나.' '진짜 운이 없었구나.' 이렇게만 생각했습니다. 그래서 장례를 어떻게 치러야 하나 이런 고민과 '왜 우리가 다 같이 집에 있었는데 빨리 발견을 못 했지.' 서로가 그런 원망 아닌 원망을 하면서 장례를 치르고 있었습니다.

덕준이 직장 동료들이 장례식장에 와서 이야기하는 게, 전에도 애가 가슴을 움켜쥐고 힘들어했었다고 말하더라고요. 사실은 그게 위안이 됐어요. 그냥 그게 '우리가 잘못해서 애를 죽인 게 아닐 수도 있겠구나.'라는 일말의 위안(?)같이 들렸는데, 여기저기 이야기를 듣다 보니까 누군가 옆에서 "이거 과로사인 것 같습니다."라는 말을 전해 주더라고요. 과로사? 저희는 그때 그런 말을 처음 들었습니다. 그렇게 일이 시작되어서 애가 일했던 발자취를 따라가고, 애가 왜 죽을 수밖에 없었는지에 대해 물어 가고 찾아가고 하는 과정에서 지금까지 왔어요. 그러다 보니까 야간노동이라는 것이 이미 10년 전에 없어졌는데, 물류혁신 쿠팡이 나와서 그 '혁신'이라는 말속에 묻혀 야간노동이 다시 부활했고 아무런 법적인 제약이나 규제가 없는 상황이라는 것을 발견했어요.

아들이 사망하고 난 다음에 정말 어렵게 산재 인정을 받았어요. 2021년 2월 9일 근로복지공단에서 업무상 재해에 의한 사망이라고 판정했습니다. 발병 1주 전 62시간 10분, 발병 전 2주에서 12주간 평균 58시간 18분을 근무했다고 발표했습니다. 20대인 건강한 청년도 장시간의 노동에 허무하게 목숨을 잃을 수 있다고 근로복지공단에서 판정을 내렸어요. 특별히 약을 먹은 것도 없었고 술, 담배를 하지 않았습니다. 애가 운동도 좋아해서 태권도 공인 4단입니다. 육군 만기 제대한 젊은 20대 청년입니다. 이 청년이 1년 4개월 동안 쿠팡에서 야간노동을 하다가 그냥 이유 없이 죽었습니다. 이걸 제가 어떻게 받아들여야 합니까?

진짜 웃긴 게, 야간노동을 하게 되면 회사가 특수건강검진을 실시해야 하는데 그것을 하지 않은 데 대한 과태료가 단돈 10만 원이라는 거예요. 회사에 주어지는 처벌이라는 게, 아들이 죽은 책임이 과태료 10만 원이라는 거예요. 결국은 아들의 목숨과 맞바꾼 금액인 거예요.

고 장덕준 씨의 부모 장광 씨와 박미숙 씨는 쿠팡에 재발 방지 대책 마련을 촉구하며 트럭으로 전국 순회 투쟁을 돌기도 했다. 사진 제공_박미숙

그런데 주 52시간 상한을 69시간으로 늘리는 것은 정말 문제가 있는데, 왜 여기에 대해서 아무도 이야기하지 않죠? 그러면 결론은 우리 아들이 못났다는 거잖아요. 그 구조에 살아남지 못한 것은 아들이 문제이지 회사의, 나라의 문제는 아니라는 결론에 도달할 수밖에 없는 거거든요. 아무리 생각해도 저는 이해할 수가 없어요. 어떻게 60시간 안 되는 시간을 일했는데 그것도 20대 청년이 1년 6개월도 안 돼서 왜 견딜 수 없었을까. 그런데 아무도 문제가 있다고 하지 않네요?

지금 저희에게는 남은 자식이 두 명 있는데 애네들한테는 너무 미안한 현실이 되어 버린 거예요. 죽은 아들한테도 미안하지만 남은 아이들한테도요. 회사는 사람이 죽었는데도 저희한테 직접적인 사과도 한마디 하지 않았습니다. 왜 쿠팡이라는 회사는 이렇게 당당할 수 있을까? 그럼 전 남은 아이들을 어떻게 키워야 합니까. 지금 둘째는 다행히 취직을 해서 나갔습니다. 하지만 이 나라에서, 이 남은 아이들에게 "너 열심히 일해라." 할 수가 없어요. 장시간 노동에 대해서 분명히 문제가 있다고 말했는데 왜 그 시간을 더 늘리려고 하는지. 그래서 저는 지금 젊은 친구들에게 이제 '열심히 일해라'라고 말을 못 하겠어요.

아들의 갑작스런 죽음은 남은 가족들에게 견딜 수 없는 고통의 시간으로 남았습니다. 아들이 떠난 2년 6개월의 시간 동안 약이 없으면 잠을 잘 수도 없고 늘어나는 술병과 자책의 시간으로 하루하루를 보내고 있습니다. 남은 가족들과는 함께 밥을 먹는 것도, 죽은 아들의 이야기를 나누는 것도 피하게 되었습니다. 얼마 전 있었던 조카의 결혼식에서는 아들의 얼굴이 떠올라 식을 끝까지 보지 못하고 식장을 나왔습니다. '언제까지 오빠의 일에 매달려 있을 거냐?'는 남은 아이의 원망 섞인 말과 눈물 맺힌 눈을 바라볼 때는 가슴이 무너져 내리고 멍해집니다. 살아 있는 것이 고통입니다.

왜 진작 빨리 알아보지 못했을까. 제가 자식을 잃고 난 다음에 든 생각입니다. 솔직히 더 크게 드는 생각은 만약에 부모인 우리가 더 부자였다면 내 자식을 쿠팡에 보내지 않았을 텐데, 내가 일을 안 시키고도 먹고살게 할 수 있었을 텐데, 사실 그게 제일 한이 돼요. 제가 부자이지 않은 게, 그리고 제가 힘이 없다는 게. 노동자들이 일을 좋아해서, 선택해서 일을 한 거라고 이야기하는데, 우리 자식들, 그렇게 일 좋아해서 하는 건 아니었거든요. 먹고살기 위해서 한 거였는데….

살기 위해 일을 하는 곳이 죽음으로 가는 일이 되어서는 안 됩니다. 얼마나 더 많은 희생을 바랍니까? 우리와 같은 일로 소중한 가족을 잃고 고통 속에 살아가는 가정이 없기를 바랍니다.

*이 글은 2023년 3월 28일 열린 '노동자 건강을 위협하는 근로시간 개편안 유가족·전문가 기자 간담회'에서 박미숙 님의 발언을 옮겨 편집하였습니다.

나는 10년 차 여성 대리운전 기사다

이미영 | 대리운전 노동자, 카부기상호공제회 공동대표

익숙한 알람 소리에 눈을 뜬다. 오전 11시. 일어나면 씻고 복장부터 갖춰 입는다. 흰색 블라우스에 검은색 정장. 내가 일하는 트리콜 대리운전 회사는 정장을 입고 사진을 찍어 올려야 대리콜 프로그램에 로그인된다. 로그인해 두고 밥을 먹고 청소를 하고 마트에 다녀온다. 내가 사는 곳은 경남 김해다. 집에서 20~30분 거리에 골프장이 세 개나 있다. 오후 1시에서 2시쯤 집을 나선다. 낮콜 대기를 위해 골프장 가까운 곳으로 이동한다. 이렇게 하루 일을 시작한다.

1994년 나이 서른에 홀로서기 후 횟집, 학원, 식품업 등 여러 일을 전전했다. 돈을 벌어야 했다. 빚도 갚아야 하고 아들 뒷바라지도 해야 하고…. 생활정보지를 뒤지며 일할 곳을 찾던 중 대리운전을 알게 됐다. '대리운전을 하겠다'고 했을 때 어느 지인은 '막장 직업'이라는 말까지 했다. 하지만 몇 년 동안 배달 납품으로 다져진 운전 실력이라 할 수 있겠다 싶었다. 대리운전 회사 사무실을 찾아가 등록하고 기본 교육을 받았다. 그렇게 대리운전에 발을 들여놓은 게 2011년 8월, 나이 마흔일곱이었다.

처음에는 아침 10시면 회사 사무실로 출근을 했다. 아침부터 다음 날 새벽까지 일했다. 그렇게 걷고 뛰고 한 달 만에 몸무게가 5킬로그램이 줄었다. 처음 타 보는 남의 차, 외제 차도 조심스러웠지만, 지리를 모르는 것이 가장 큰 문제였다. 한번은 초행길인데 비가 오고 내비게이션이 잘 안 터졌다. 할 수 없이 지나가는 택시를 세워서 따라갈 테니 목적지까지 좀 가 달라고 했다. 도착하니 택시비는 8천 원. 만 원짜리 콜에 택시비까지 물어야 하는데 손님은 깨워도 일어나지 않았다. "고객님, 안 일어나시면 경찰서 가겠습니다." 하고 지하 주차장에서 차를 빼니 일어난다. 돈이 없단다. 20분 뒤 집에서 요금을 갖다줬다. 그렇게 속이 곪아도 참을 수밖에 없던 때였다.

당시엔 여성 대리운전 기사들을 성매매하러 나온 여자 정도로 취급하는 말들을 서슴지 않고 내뱉는 사람들이 많았다. 속상해서 울기도 했다. 왜 막장 직업이라고 하는지 조금은 이해가 됐다. 지갑에서 지폐를 꺼내 세고는 "이 돈 줄 테니 자러 갑시다." 하는 사람, 뒷좌석에 앉아서는 두 손을 내 어깨 위에 얹거나 겨드랑이 사이에 슬그머니 넣는 사람도 있었다. 차에서 내리는데 옷을 잡아당기는 바람에 코트의 단추가 두둑 떨어진 적도 있었다. 그때마다 "한 번만 더 그러시면 경찰서 가겠습니다." 말했지만 경찰서를 가게 되면 많은 시간을 뺏기기 때문에 그런 적은 없다. 동료 기사들에게 그 얘기를 했더니 "그 자리에서 경찰 불렀어야지. 두둑이 받아야지." 한다. 그 말에 나는 대리 기사들과의 단절을 생각했다. 그 무서웠던 상황을 위로해 준 동료는 없었다. 너무나 무섭고 치욕스러웠던 그 순간이 그들에겐 술안주 삼는 가십거리였다. 나는 대처할 방법에 대해 아는 게 없었다. 그때 누군가가 호루라기와 작은 플래시를 갖고 다니라고 말해주었다. 그때부터 내 열쇠고리에는 호루라기와 작은 플래시가 늘 달려 있었다. 일주일에 두세 명은 꼭 이런 사람을 만나던 시절이었다. 그렇게 나쁜 손님들만 만났던 건 아니다.

수고한다고 격려하며 택시비 하라고 더 챙겨 주던 분들도 있었다.

대리운전을 시작하고 밤낮이 바뀐 생활과 날마다 겪는 손님들의 갑질과 만행에 위염, 족저근막염, 불면증이 생겼다. 지인들과의 만남이 소원해지며 나는 세상과 단절되었다. 내게는 오로지 일뿐이었다. 점점 대리운전하는 것이 지쳐만 갔다.

2017년 1월 대리운전을 그만두고 지인 회사의 경리, 학원 차 운행, 요양병원 식당 일 등 투잡, 스리잡을 뛰었다. 하루 12시간 넘게 일했고 빚도 많이 갚게 되었다.

2021년 10월 본격적으로 다시 대리운전 시장에 뛰어들었다. 3년여 공백기 동안 대리 시장은 별반 달라진 거 없이 선납 주급만 인상이 돼 있었다. 하지만 예전보다 여자 기사들에 대한 인식도 많이 바뀌었고 여자 대리 기사를 무시하고 희롱하고 갑질하는 것도 많이 사라져 있었다.

콜이 있으면 손님이 부른 곳까지 걷거나 택시를 타고 간다. 택시비가 부담스러워 가능하면 걸을 수 있는 곳을 잡으려고 한다. 손님 목적지가 외진 데면 콜을 받을 수 있는 곳까지 버스나 택시를 타고 다시 나온다. 대기 시간에는 편의

점이나 길거리를 서성대며 콜을 기다린다. 겨울에는 건물 안이나 ATM365(현금자동인출기 점포) 같은 데 들어가서 바람을 피하기도 한다. 요즘에는 이동노동자 쉼터가 있다. 부울경(부산·울산·경남)에 한 5개 정도 있는 것 같다.

이 회사는 일주일 치 콜비 수수료를 선납하고 단체 월 보험을 가입해야 일을 할 수 있는 주급 체계다. 나는 일주일 치 콜비 선납을 한 게 아까워서 하루도 쉬지 않고 일한다. 회사에 돈을 미리 넣어 놔야 한다. 돈을 미리 넣지 않으면 배차를 받을 수 없다. 이렇게 선납 노예(?)가 된다.

보통은 대리운전 한 콜당 2만 5천 원에서 3만 원이다. 김해에서 부산 가는 대리비는 2만 5천 원부터다. 기본 거리는 1만 4천 원~1만 6천 원. 같은 동으로 갈 경우엔 1만 2천~1만 6천 원 정도다. 한 콜에 수수료가 20퍼센트인데, 회사에 주급 선납 수수료 20만 3천5백 원을 낸다. 보험료는 따로 매월 3일에 내는데 나 같은 50대 후반이면 12만 원이다. 합류 차(기사 이동 차. 김해에서 부산까지 밤 12시부터 새벽 4시까지 25인승 버스가 두 번 정도 왕복한다) 사용료 일일 3천 원, 회사 프로그램 사용료 1천 원이다.

콜을 잘 타는 사람은 하루에 5~6콜을 받고 못 탈 때는

2콜 정도 받는다. 월화는 콜이 없는 편이고 수목이 많다. 요즘은 '불금'이 아니라 '불목'이다. 작년 11월부터 올 1월, 그 전부터 콜이 준 게 확실히 느껴진다. 경제가 어려운지 코로나 규제가 풀렸음에도 콜 수가 줄었다.

난 퇴근 시간을 정하는 게 아니라 목표 금액을 정한다. 주급에서 하루 5만 원 정도 공제하면 적어도 하루에 20만 원을 채워야 한다. 하지만 아침까지 20만 원을 채우지 못하면 퇴근할 수밖에 없다. 몇 시간 후면 또 일을 나가야 하니까.

이렇게 쉬는 날도 없이 일해서 버는 돈은 한 달에 350만 원~400만 원 정도다. 작년 1월부터 콜당 고용보험료를 낸다. 특고(특수고용형태) 프리랜서로 지난 5월에 종합소득세 신고도 했다.

카부기공제회는 카드라이버 부울경 대리 기사들 모임이다. 현재 부울경 대리 기사는 약 2만 명이고 그중 카부기 밴드 회원이 6천 명, 그 밴드 안에서 만들어진 카부기공제회원이 370명, 그중 여성 회원 30명 중 '여자만세' 카톡방으로 소통하는 회원이 24명이다. 카부기공제회는 다달이 회비 1만 3천 원씩 낸다. 회원이 다치거나 수술, 입원, 사고 면책금, 조사 등 회원 부조할 일이 있을 때 돕는 일을 한다. 나는 작년 3월 밴드에 가입하고 5월에 교육을 갔다. 그 뒤 운영위원이 됐다가 (2023년) 올해 초 공동대표까지 맡게 됐다.

대리 경력 23년부터 3개월 차까지 온라인상에서 언니 동생 하는 가족이 되었고 둘도 없는 동료가 되었다. 소통도 정보도 동료도 없었던 우리에게 가족과 같은 동료가 생긴 것이다. 우리는 작은 전화기 안에서 콜 카드를 올리고 동기 부여도 받고, 탈출 정보도, 또 외곽지 픽업도 해 주며, 심지어 화장실 정보까지 나누는, 서로를 염려하고 격려하며 카부기상호공제회라는 공동체 안에서 밖에서 이미 가족이 되었다. 기쁨도 분노도 같이 나눈다. 그동안 동료도 없이 혼자서 일하던 내가 세상 밖으로 나왔다. 나는 당당한 10년 차 여성 대리 기사다.

노동법 2, 3조 개정이 필요한 이유?
노동의 굴레, 노동자의 족쇄를 풀자!

　이른바 '노란봉투법'으로 불리는 '노동법 2·3조 개정안'은 노동계와 시민사회의 오랜 숙원이었다. 이 법은 '사용자'의 정의를 개정해 간접고용 관계에 있는 하도급 노동자의 단체교섭권을 보장하고, 손해배상 청구 남용을 할 수 없도록 하는 것을 골자로 한다. 문재인 정부하에서 통과되지 못한 '노란봉투법'은 윤석열 정부의 거부권으로 폐기된 바 있다. 개정안이 다시 발의되었지만 탄핵 정국 이후 법 통과는 오리무중이다. 정권이 바뀌어도 노동자의 삶과 노동은 여전히 바뀌지 않고 있다.

3

非, B, 悲 비정규직,

부정당하는 노동

밥 먹듯 노동자 꽃길 만들기

윤경신 | 제4회 작은책 생활글 공모전 최우수상

 2024년 9월 28일 창원 법원대로, 늦은 가을볕에 배롱나무꽃 같은 분홍 물결이 도로 위에 피어난다. 분홍색 조끼와 모자를 쓴 학교 비정규직 노동조합원들이다.

 학교 비정규직 노동자 중 급식 노동자에 관심을 갖게 된 것은 몇 해 전 뉴스에서 학교 급식 노동자들의 파업으로 학생들이 식사를 제대로 하지 못하고 있다며 파업에 관한 찬반 의견이 있을 때였다. 학교에서 점심이 제공되지 않아 그 부담을 학부모가 도시락으로 대체해야 하는 부담감과 먹는 것에 대한 책임감 논란이 있었지만, 잠시 비친 노동자들의 손에 잡힌 피켓의 내용은 "우리 아이들에게 비정규직을 물려줄 수 없다"였다. 급식 노동자들의 상황이 어떤지는 알지 못했지만 그 피켓을 본 순간 '할 일을 하고 계시구나.'라는 생각이 들었다. 단순히 학생들의 식사를 제공하는 사람들이 아니라, 노동자로서 제대로 된 일자리를 만들고 다음 세대에게 물려줄 수 있도록 노력하고 계신다고 생각했다.

그다음 해부터인가는 급식 노동자들의 파업이 있으면 학교에서 대체식을 준비해 학부모들의 부담을 덜어 주는 모습을 보았다. 노동조합의 파업에 대한 이미지가 변해 가는 모습을 보면서 급식 노동자에 대한 관심도 커졌다. 마침 주변에 급식 노동자로 일하는 분들이 계셨다. 요리를 좋아하셔서 시작하신 분도 계시고 학교 비정규직의 일에 적극적으로 참여해 보고 싶어 시작하신 분도 계셨다. 알음알음으로 급식 일에 대해 이야기를 듣고 있었는데 나에게도 기회가 왔다. 1년 대체 계약직 자리가 나왔다. 집에서 아들 셋 간신히 먹여 살리고 가끔 나가는 봉사활동에서 대량의 채소를 다듬는 일을 하기는 했지만 요리에는 영 관심도 재주도 없어서 고민이 되었지만, 안 해 보는 것보다 기회가 생겼을 때 알아보자는 마음으로 도전하게 되었다.

640인분을 조리사 한 명과 조리실무사 6명이 만들어야 한다. 조리실무사는 100명의 학생에 1명이 배정된다고 한다. 재료 준비부터 시작해서 조리하고 배식하고 설거지, 청소를 다 하면 업무가 끝난다. 한 문장으로 끝나는 일이지만 몸으로 일을 하면 골병이 든다는 말이 무엇인지 알게 된다. 조리실무사는 2명씩 밥조, 조리조, 튀김조 셋으로 나뉘어 전처리와 조리, 정리 과정을 담당한다. 다 같이 일을 하지만 담당이 나뉘다 보니 640인분을 두 명이 전담해서 만들어야 한다.

급식 일을 시작하면서 처음 해 보는 일이 많았지만 그중 기억에 남는 일이 두 가지 있다. 가장 충격적인 첫 경험은 바로 김치전 뒤집기였다. 김치전이나 지짐이 나오는 날에는 전판에서 튀김조 두 명이 기름을 두르고 반죽을 올리고 손바닥만 한 크기의 전을 앞뒤로 뒤집어 가면서 구워 낸다. 한 명이 올려 주고 다른 한 명이 뒤집기를 하며 완성을 하자면 뒤집개로 최소 1,280번의 뒤적거림을 해야 한다. '비도 오고 김치전이 맛있겠다.' 하는 기대를 가득 안고 '처음이니 멋지게, 맛있게 구워 내야지.' 의기양양 시작했지만 1,280번 이상의 뒤집기를 하면서 모든 신경이 지금까지 알지 못했던 어깨의 어느 미세한 근육으로 향했다. '내게도 이런 근육이 있었구나!' 아픔을 통해 알게 된 내 근육. 그날의 김치전은 입에 대지도 않았다. 기름 냄새와 어깨 통증으로 도저히 입에 넣고 싶지 않았다.

퇴근하자마자 바로 한의원 가서 침 맞고 집에 가서 드러누웠다. 물론 우리 집 식구들 저녁은 배달 음식. 급식으로 번 돈으로, 우리 가족은 남이 해 준 음식으로 해결하는 아이러니가 생겼다. 오후 4시에 근무가 끝나는 장점이 있지만 노동 강도가 높아서 집에 와 누워 있는 일이 많았다. 좋아하던 친구들과의 저녁 만남은 꿈에 나오지도 않을 지경이었다.

두 번째 놀랐던 경험은 전처리 업무 중 어묵 썰기였다. 어묵볶음을 하기 위해 네모반듯한 어묵을 3등분 해서 얇게 썰면 되는 일이었는데, 역할을 나누다 보니 5킬로그램의 어묵을 혼자 썰어야 했다. 10개월이 넘은 지금이야 뚝딱하고 말 일이지만 처음은 고통으로 기억될 뿐이었다. 반복된 작업을 통해 지금껏 몰랐던 팔목의 근육을 알게 되었다. 근육이 비명을 지르는지 내 속에서 비명이 나오는지 알 수 없이 쌔한 느낌으로 대량 급식의 어마무시함과 조리실무사님들의 노고에 대한 경이로움을 깨닫게 되었다.

동료도 일의 복지에 포함된다고 한다. 함께 일하시는 조리실무사님들은 경력이 최소 5년 이상이고 30년을 하신 분도 계신다. 내가 가장 어리고 몸도 좋은 편인데 다들 일을 너무 거뜬히 해내신다. 준비 시간도 아낌없이 일하시는 분들이다. 쉬엄쉬엄 일을 하셔도 될 텐데, 일이 보이면 무조건 전투 자세다. 좀 한가해지는 시간에도 일거리를 찾아내고 만다. 조리 과정이 너무 복잡하면 정신없이 일을 해치워 내시고 업무에 틈이 생기면 미뤄 두었던 청소라도 하고야 마는 분들이다. 힘든 일은 먼저 하시고 수월하게 할 수 있는 일을 맡겨 주신다.

그럼에도 처음이라 실수투성이인 나에게 "실수해서 놀랐지요? 다들 실수하면서 일해요. 저는 아직도 실수를 하니 너무 마음 쓰지 말아요."라고 위로를 해 주셨다. 솔직히 어린 내 마음은 '처음인데 실수를 할 수도 있지. 다음엔 실수하지 않도록 신경 쓰자.' 하는 마음이었는데 진심 어리게 내 마음부터 챙겨 주시는 모습에 '아, 일 빨리 배워서 걱정 안 하셔도 되게 해야겠다.' 하는 마음으로 바뀌었다. 개인의 텃밭에서 나오는 과일이나 채소를 나눠 먹으며 서로의 일상을 돌봐 주는 생활에 마음이 기울어 버린다.

면접 볼 때 질문이 한 가지였다. "혹시나 동료들과 의견이 다른 상황이 생기면 어떻게 하실 겁니까?" "먼저 일을 하셨던 분들이고 나름의 이유가 있으실 테니 상대방의 의견에 따르고 방법을 제대로 배우도록 노력할 겁니다." 나름 단순하고 간단한 일이지만 사람들의 의견이 다양하고 충돌이 생기면 마음이 상할 수밖에 없다. 일을 수월하게 진행할 수 있도록 서로 배려하며 솔선수범하는 동료를 만나는 것만큼 좋은 복지가 있을까.

가장 젊은 나보다 일들을 너무 거뜬히 하셔서 아픈 사람이 하나도 없는 줄 알았는데 약을 드시는 분도 계시고, 휴게실에서 바닥에 불 넣고 등 지지는 게 낙이신 분들이었다. 어깨 수술을 하신 분도 계시고, 손목과 어깨 통증은 상시 동행 중이다. 골병으로 다져진 일상이지만 그래도 돈 벌어서 자식들 먹여 살리고 공부시켜서 뿌듯하시단다. 무엇보다 학생들에게 맛있는 음식 만들어 주는 기쁨을 자랑스럽게 갖고 계신다. "맛있게 먹어라." 아이들에게 배식을 해 주며 눈 마주치고, 잘 먹는 모습에 덩달아 배불러 하시고, 감사의 말이나 편지를 받으면 눈물을 글썽이신다. 하는 일에 진심으로 최선을 다하시는구나. 옆에서 겸손히 배우게 된다. 지금은 하루 한 끼를 챙기고 있지만 어느 날은 콘크리트 대로에 나가서 아이들의 일자리를 챙기신다.

노동조합 활동이 활발해지면서 노동의 환경이 많이 바뀌었다고 하신다. 학교에서 일하지만 급식 노동자는 '이모' '어머님'으로도 불렸지만, 이제 '조리실무사'로 불리고 방학 동안 쉬는 시간 동안의 급여도 어느 정도 보장되었다. 산재나 안전시설과 관련된 것은 더욱 철저히 관리되고 있다. 노동의 강도는 여전히 강하지만 해 볼 만한 일이 되고 있다. 그래서 더욱더 열심히 꽃피우듯 노동조합 활동에 관심을 갖는다고 한다.

나는 대체 근무자라 노동조합에 가입하지 않았지만 언니들과 함께 따라나선 '비정규직 철폐' 거리 행진에서 가슴이 두근거렸다. 분홍 물결에 굳은 의지의 외침. 밥 먹이듯이 노동자 가는 길에 피어나는 배롱나무꽃 같다.

수상 소감

추운 겨울, 서울 아스팔트 위에도 아직 배롱나무꽃 같은 분홍 물결이 가득합니다. 먹고사는 일 중 '최전선'에 있는 학교 급식 노동자들은 '함께' 먹는 일이 당연합니다. 일은 분명 힘들지만 즐거움도 보람도 있습니다. 같이 일하며 부족하지만 조금이라도 알리고 싶었던 마음에 수상 소식까지 접하니 더욱더 동료들에게 고맙습니다. 〈작은책〉 덕분에 이렇게나마 글을 쓸 수 있어 감사드립니다.

세상 이야기 중 일하는 사람들의 이야기가 글이 되고 다시 이야기가 되어 서로의 일상 속 힘이 되기를 바랍니다.

어느 날, 학교 비정규직이 됐다

박내현 | 제3회 작은책 생활글 공모전 작은책상

올여름 동네의 한 고등학교로부터 글쓰기 수업을 제안받았다. 나의 본업은 청소년 노동인권 교육과 인권 활동이고 이 학교엔 3~4년쯤 꾸준히 수업을 나갔는데, 내가 이런저런 책 작업에 참여했다는 걸 안 어떤 분이 추천했다고 한다. 2학년 여섯 개 반을 매주 수업해야 하는, 평일 이틀을 꼬박 내야 하는 상황을 알기에 선뜻 마음이 내키지 않았는데 '아이들에게 사회와 인권에 대한 글을 쓰게 해 보고 싶다.'는 교사의 말에 넘어가서 수락하고야 말았다.

수업은 9월하고도 중순쯤에야 시작하려니 하고 잊고 있었는데, 어느 날 문자가 오기 시작했다. 학교 행정실이라고 하며 이런저런 서류를 준비하라는 내용이었다. 그 서류에는 마약 검사, 공무원 채용 신체검사 등이 포함되어 있었고 정교사 자격증도 있었다. 나한테 보낸 문자가 맞나 싶어 연락해 보니, 정교사 자격증은 없어도 되지만 나머지 서류는 준비해서 보내야 한다고 했다. 난생처음 공무원 채용 신체검사를 받아야 하는데, 어디서 받아야 할지부터 골치가 아팠다. 인터넷에 열심히 검색을 해서 가까운 공단 병원에 검사를 받으러 갔더니, 10시간 전부터 금식을 해야 한단다. 다음 날 금식을 하고 가서 신체검사, 마약류 검사, 잠복 결핵 검사라는 무시무시한 검사들을 무사히 마치고 서류가 나오기까지 기다렸다가 준비한 서류를 보냈다.

그새 담당자가 바뀌었다며 새로운 교사가 전화해 이런 저런 안내를 받았냐고 물어보는데, 도통 모르는 내용이었다. 학사 일정표와 수업을 마친 후 작성해야 하는 서류 등을 안내받고, 안내받은 첫날 수업을 하러 갔다. 이 수업을 어떻게 해야 하나, 일주일 전부터 소화도 안 되고 머리도 지끈거리고 전날은 늦을까 봐 잠도 제대로 못 잤다. 그런데 수업을 해야 하는 교실 앞에 갔더니 뭔가 이상하다. 쉬는 시간이어야 할 시간에 모두 고개를 숙이고 책상 앞에 앉아 뭔가를 하고 있고 칠판에는 '시험 시간'이라고 적혀 있었다. 무슨 일인가 싶어 교무실로 찾아가니 그날은 학력평가가 있는 날이었다. 학교 알리미에 등록이 되면 일정 변경이 있는 경우 알람이 가는데 어쩌다 내 연락처가 누락됐다고 했다. 그러더니 온 김에 계약서를 쓰고 가라고 했다. 얼떨떨하게 있는 내 앞에 학교 시간강사 계약서가 놓였다. 내가 이 학교의 시간강사로 채용되었다는 사실을 그날에야 알았다. 시간강사라 4대 보험은 안 되지만 산재보험은 들어 준다는 것도.

첫날 허무하게 발길을 돌리고 둘째 날 다시 학교를 방문했다. 무사히 8시 20분 1교시를 마치고 비는 시간을 어디서 보내야 할까 담당자에게 문의하니 5층에 가면 강사 대기실이 있다고 했다. 강사 대기실, 이곳은 나 같은 시간강사들이 비는 시간에 사용할 수 있는 공간이었다.

창고처럼 생긴 곳을 정리해서 만든 듯한 허름한 공간에 들어서자 등 돌리고 앉아 있던 세 사람이 나를 힐끗 쳐다봤다. 안녕하세요, 인사를 건네고 어색하게 주어진 자리에 앉았다. 내가 앉은 자리는 오후 늦게부터 상담을 하는 상담교사의 자리라서 다행히 나는 그 자리를 이용할 수 있었다. 슬쩍 옆자리를 둘러보니 내 옆은 수학, 그 옆은 국어 교과목

책들이 빼곡히 꽂혀 있었다.

쉬는 시간, 한 분이 "지난 학기 선생님은 이제 안 오시나 봐요?"라고 인사를 건넸다. 지난 학기 누가 뭘 했는지 나는 알 수가 없으니 "네, 그런가 봐요."라고 애매한 답을 할 수밖에 없었다. "글쓰기를 가르치면 논술인가요?" 논술은 아닌데 뭐라고 설명해야 하지, 망설이고 있자니 "제가 국어 교사라서요. 글쓰기라길래 궁금했어요."라고 하신다. "국어요? 그럼 정규 과목을 가르치시는 거예요?" 내 질문에 선생님은 재밌다는 듯, 황당하다는 듯 웃으며, 정규 국어 과목을 가르친다고, 담당 교사가 행정 업무가 많아 다 가르칠 수가 없기 때문에 꽤 많은 강사들이 학교에서 정규 교과목을 나눠 가르치고 있다고 말했다. 깜짝 놀라 주변 사람들에게 문자를 보내 물어보니, 나만 모르는 현실이었다.

학교에 정말 다양한 비정규직이 있다는 건 알고 있었지만 정규 교과목을 나눠 가르칠 거라고는 생각지도 못했다. 게다가 똑같은 정규 교과목을 가르치는데 같은 교무실이 아니라 강사 대기실에 있다니…. 그럼 학생들은 궁금한 게 있을 때, 여기로 오나? 아니면 해당 단원을 가르치지는 않은 정규 교사에게 가나? 시험은 누가 내나? 머릿속에 십수 개의 물음표가 떠올랐지만 차마 묻지 못했다.

강사 대기실에는 커피포트와 믹스커피 한 박스, 어디선가 쓰다 버렸을 거 같은 낡은 싱크대와 냉장고가 놓여 있었다. 여기저기 수업하러 다니며 가 본 교무실의 풍경과는 분명 달랐고 심지어 바로 아래층에 있는 이 학교의 교무실과는 너무나 달랐다.

사실 학교 비정규직은 나에게 익숙한 단어다. 학교에서 노동인권 교육을 할 때마다 학생들에게 학교 안 노동자에 대해서, 학교 안 비정규직에 대해서 이야기하고 여러 가지 방식으로 학교 비정규직에 대한 생각을 나눠 왔다. 심지어 얼마 전에는 학교 비정규직을 인터뷰한 글을 쓴 적도 있다.

그런데 정작 내가 학교에 와 보니 나는 학교 비정규직에 대해 모르는 것투성이였다. 비정규직이 되는 순간, 아니 심지어 내가 비정규직이 된다는 것도 모르고 어느새 비정규직이 되는 순간, 제대로 된 수업 안내도 제대로 된 휴게 공간도 받을 수 없다는 것을 와 보고서야 알았다. 매주 수업을 준비하고 학생 한 명 한 명의 글을 수정하고, 주 이틀 학교의 문턱을 넘지만 나는 어쩌다 한번 노동인권 교육을 하러 갈 때보다 더 학교가 낯설게 느껴졌다. 아마 나보다 더 많은 시간을 학교에서 보내는 교과목 시간강사들은 어떤 마음일까 궁금했다.

강사 대기실은 조용하다. 서로 질문하거나 학생에 대해 얘기를 나누는, 교무실에서 일어날 법한 대화는 이곳에 없다. 서로 벽을 바라보고 묵묵히 수업 준비를 할 뿐이다. 한 학기, 일 년을 보내고 나면 달라질까, 그럴 것 같지 않다. 두 번째 주에는 옆자리 수학 강사가 먼저 인사를 건넸다. 나도 반갑게 인사했지만 그뿐이었다. 우리는 나눌 대화가 없다. 다음 주에 학생들과 글쓰기 할 주제는 '노동'이다. 학교 안 비정규직에 대해서 나는 또 얘기할 수 있을까. 노동인권 교육을 하는 활동가가 아니라 비정규직 당사자로서 나는 내가 겪은 부당함과 불편함을 얘기할 수 있을까.

다음 주에는 일단 대기실을 나올 때 인사를 건네 볼 생각이다. 침묵 속에 어떤 인사도 돌아오지 않을지 모르지만, 그래도 우리는 이곳에서 짧게나마 함께 일하는 동료니까, 우리가 나눌 수 있는 대화가 그저 인사뿐일지라도 우리도 분명 학생들을 가르치고, 더 나은 수업을 위해 고민하고, 최선을 다해서 수업하는 학교의 구성원이니까. 같은 과목을 가르치는 교사도, 수업을 듣는 학생들도 건네지 않는 인사.

'수고하셨습니다. 다음 주에 또 뵐게요.'라고 인사하고 싶다.

수상 소감

마을에서 처음 활동을 시작할 무렵, 페이스북을 통해 우리의 활동 소식을 지켜보던 분이 〈작은책〉을 후원하고 싶다고 연락해 주셨습니다. 본 적도 없는 분의 따뜻한 말에 〈작은책〉이 무엇인지도 모르고 덥썩 받았던 기억이 납니다. 그 뒤로 10년, 〈작은책〉은 주소를 옮긴 후에도 매달 도착합니다.

〈작은책〉 속에 담긴 작은 글들은 작지 않았습니다. 각자가 살고 일하고 싸우고 사랑하는 공간에서 건져 올린 이야기들. 바빠서 제대로 읽지 못하다가도 매달 목차를 뒤적거리며 반가운 이야기들을 만났습니다. 글을 읽다 보면 그 사람을 만나고 싶어지기도 하고, 나와 비슷한 생각과 고민을 지닌 이들이 이곳저곳에 있구나, 하는 생각에 안도하기도 했습니다.

10년의 활동을 여러모로 돌아보며 〈작은책〉과의 인연을 저도 만들어 보고 싶었습니다. 나도 나름 잘 살아왔노라고 스스로에게 말해 주고 싶었나 봅니다. 부족한 글

제3회 작은책상 수상자 박내현 씨. 사진_정인열

을 〈작은책〉의 글로 선정해 주셔서 수없이 흔들리며 지냈던 시간에, 늘 후회가 많은 내 마음에, 놓쳐 버린 사람들과 기회에 덜 미안하게 해 주셨습니다. 저의 글도 누군가에게 가 닿겠지요. 청소년들을 만나고 마을에서 노동을 이야기하며 작은 공간에서 엄청나게 많은 좋은 사람들을 만난 덕분에 행복하기도 했지만, 아직도 나는 어디로 더 가야 하지, 더 가 볼 수 있을까를 고민하는, 늘 주저하는 사람이 여기 있다는 것이 혹 누군가에게도 위로가 되었으면 좋겠습니다.

출근 시간이 없는 직장

신주리 | 백화점면세점판매서비스노조 삼경무역지부 사무국장

여러분들은 아마 한 번쯤 면세점에 가 보신 적이 있을 겁니다. 그리고 면세점에서 판매를 하는 많은 직원들과 만나 보셨을 거예요. 그중 면세점 소속의 직영 사원은 몇 퍼센트 정도라고 생각하시나요? 면세점에 소속되어 있는 직영 사원은 1퍼센트도 되지 않습니다. 이게 우리나라 면세점의 현실입니다.

저는 로레알그룹(세계적인 뷰티 기업)의 에이전트 회사인 삼경무역에 입사해 면세점에 입점한 로레알 브랜드 매장에서 근무를 했습니다. 삼경무역에 입사했지만 로레알그룹에 속해 있고 일하는 장소는 면세점인 것입니다. 면세점으

로 출근을 하다 보면 소속이 면세점인지, 로레알인지, 삼경무역인지 헷갈리는 일이 너무 많습니다. 실질적으로 근무를 하는 곳은 면세점이다 보니 직접고용이 아님에도 불구하고 근무시간 등 면세점의 영업 방침이 변경되면 우리 같은 하청업체 노동자들은 그에 따르는 수밖에 없습니다. 코로나19 이후 인원 감축으로 잠깐 시내 면세점에 지원 근무를 간 적이 있었는데, 시내 면세점 얘기를 해 볼까 합니다.

시내 면세점 영업시간은 원래 19시 30분까지였다고 해요. 코로나 전에는 면세점에서 매출 증가 등을 이유로 근무시간을 슬금슬금 연장해서 20시 30분, 금, 토, 일 주말엔 21시 30분 등으로 마음대로 변경을 해 왔고, 그에 맞춰 당연하게 스케줄을 변경해야 했습니다. 제 스케줄이 있어도 영업점의 근무시간에 맞춰야 하기 때문이죠. 영업점 근무시간이 짧아지든 길어지든, 제 출근 시간은 변함이 없지만 퇴근 시간은 바뀌는 거죠. 제 일상은 영업점 근무시간에 맞춰 변경되기 때문에 퇴근 후 마음 편히 학원을 다니거나 운동을 하는 등 자기 계발은 사실상 불가능할 수밖에 없는 겁니다. 특히나 코로나 때 영업시간을 가지고 영업점의 갑질이 정~말 비일비재했는데, 인천공항 같은 경우엔 심지어 비행기 뜨는 시간에 맞춰 출근하라고 했기 때문에 하루하루 출근을 몇 시에 해야 하는지조차 몰랐습니다. 정해진 출근 시간이 없었던 거죠. 마냥 대기하다 밤 10시에라도 연락이 오면 제가 몇 시에 출근하는지 알 수 있었어요. 그때는 정말… 살려고 일한다는데 나는 일을 하려고 사는 사람 같다는 생각도 들었습니다.

화장실 사용마저 영업점에서 대놓고 공지를 합니다.

'고객님들이 불편해하시니 고객용 화장실 쓰지 마라! 하나 있는 직원용 화장실 이용해라! 고객 휴게 공간에서는 쉬지 마라! 옥상은 고객용 공간이니, 혹시 옥상을 가야 한다면 사원증 빼고 직원인 거 티 내지 마라!'

같은 사람인데 화장실, 휴게실 한번 맘 편히 사용하지 못합니다. 코로나 이후 인원이 부족한 상황이다 보니 휴게 시간에 제대로 쉬지 못하는데도 일반 고객이 이용하는 라운지, 의자 등은 이용이 불가능합니다. 그 넓은 백화점과 면세점에서 한 층에 하나 있는 직원용 휴게 공간은 의자도 부족하고 공간 역시 좁다 보니 대부분 직원들은 휴게 시간을 쓰지 않는 걸 택하거나, 창고에 가서 쪼그려 앉아 쉬거나, 비상계단에 앉아서 쉬거나 할 수밖에 없습니다. 어느 날 직원들끼리 휴게 공간 얘기를 하던 중 남자 직원 한 분이 "남자 휴게실은 더 좁아서 앉으면 서로 무릎이 닿는 위치에 의자 딱 4개가 놓여 있다. 앉았을 때 앞사람과 무릎이 닿지 않는 것만으로도 부럽다." 하며 웃으시던 게 기억이 나네요.

영업점에서 고객용 화장실 및 휴게 공간을 이용 못 하게 해 왔지만 그나마 노동조합이 생긴 이후에는 영업점에서도 대놓고 뭐라고 하거나 예전처럼 사용하지 말라는 공지를 하거나 하지는 않습니다. 하지만 영업점에서 좋아하지 않는 걸 직원들이 알고 있으니 알아서 눈치 보고 알아서 조심하느라 직원 공간 외에는 사용하지 않게 되었네요.

이처럼 저를 포함하여 현장의 모든 직원들은 면세점의 영업 방침에 맞춰 근무해 왔는데, 코로나19가 시작되자 회사(삼경무역)는 로레알에서 인원을 감축하라고 했다며 권고사직을 강요했습니다. 이제 보니 면세점, 로레알, 삼경무역까지, 정말 여기저기 저의 근무환경과 근로조건을 정하는 곳이 많네요. 내가 입사하고, 나를 고용한 곳은 삼경인데도 불구하고 회사는 로레알에서 인원을 감축하라고 했다며 40~50명 이상의 직원들을 회사로 불러 실업급여를 설명하고 위로금도 단돈 100만 원을 얘기하며 '고용 유지를 할 수 없게 됐다, 그러니 본인이 직접 사직서에 사인을 하고 나가라.'고 했습니다. 그때의 충격은 이루 말할 수 없습니다. 40~50명의 직원이 그렇게 순식간에 일자리를 잃게 되었습니다. 그런데 일주일도 채 되지 않아 저한테는 한 자리가 비었다며 사직서를 폐기할 테니 근무를 계속해 달라는 연락이 왔습니다.

이 사건으로 많은 직원들이 고용불안에 떨게 되었고 그로 인해 노동조합을 만들면서 제가 전임자로 나서게 되었습니다. 이렇듯 면세점에서 근무하는 하청업체 직원들은 영업점에 밉보일까, 로레알에 밉보일까, 회사에 밉보일까 여기저기 눈치 봐야 하는 게 현실입니다. 회사는 하청업체이기 때문에 아무런 힘이 없어서 면세점의 방침을 따라야 하기 때문입니다.

현재 저희는 회사와 교섭을 진행 중인데, 회사는 소속 직원의 근무시간, 휴일, 탈의실과 화장실 등 그 어떤 것도 교섭할 수 있는 게 없다고 합니다. 저는 여전히 제가 어디에 고용되어 있는지 잘 모르겠습니다. 제가 고용되어 있는 곳은 삼경이라는 회사인데 실질적인 인원과 급여는 로레알의 결정이 없으면 아무것도 결정하지 못합니다. 면세점의 영업 방침까지 따라야 하기 때문에 기본적인 휴게실, 휴일조차도 해결하지 못한다고 합니다.

　면세점에도 교섭을 요청했습니다. 우리의 임금을 결정할 수는 없겠지만 적어도 명절 당일 휴무, 화장실 및 휴게실 문제 개선, 영업시간 연장에 대한 부분은 면세점이 완전하게 권한을 가지고 있고, 우리에겐 아주 중요한 노동조건이니 교섭하자고 했습니다. 하지만 면세점은 대꾸도 하지 않고 모르쇠로 일관하고 있습니다. 그러면 우리는 이 문제를 누구와 논의해야 합니까? 우리 회사에 우리 직원만 쓸 수 있는 화장실을, 휴게실을, 탈의실을 면세점 안에 만들어 달라고 요구해야 하나요? 불가능합니다. 실질적인 권한을 갖고 노동조건을 지배하는 원청 면세점

신주리 사무국장이 롯데백화점 본사 앞에서 로레알 계열 3사 집단교섭을 요구하는 1인시위를 벌이고 있다. 사진 제공_백화점면세점판매서비스노동조합

이 해결해야 합니다. 그러려면 만나서 이야기해야 하지 않겠습니까?

이렇듯 우리 하청 노동자에게는 노조법 2·3조 개정이 너무나도 절실합니다. 하청업체라서 정직원인데도 불구하고 하루아침에 일자리를 잃기도 하고, 회사와 얘기해도 실질적인 해결이 불가능하기 때문입니다. 하청업체는 실질적 결정권이 없는 경우가 빈번하기 때문에 사실상 노동조건의 영향력이 있는 원청이 책임 있는 역할을 할 수 있도록 노조법 2·3조도 개정되었으면 좋겠습니다.

경비원도 사람이다

박현수 | 민주노총 전국민주일반노조 서울본부 조직부장

 2023년 3월, 서울 강남구 대치동 선경아파트 청소노동자와 경비노동자가 목숨을 잃었다. 3월 8일에는 관리소장으로부터 강제적인 해고 통보를 당한 남성 미화원이 자택에서 숨진 채 발견되었다. 그리고 일주일 후인 3월 14일, 오전 7시 40분경에 경비원 한 명이 자신이 근무하던 아파트 9층에서 투신자살한 사건이 발생했다. 투신자살한 경비원은 유서에 "A조 ○○○(본인)을 죽음으로 끌고 가는 관리소장은 정신적, 육체적 고통을 책임져야 한다."라고 남겨 놓았다.

 동료 경비원들에 의하면 돌아가신 경비원은 선경아파트에서 11년을 근무한 경비반장(앞으로 고인이라고 표현)이었다.

하지만 부임한 지 4개월도 되지 않은 신임 관리소장이 수시로 괴롭혔다고 한다. 군 출신인 관리소장은 관리사무소 아침 회의를 할 때마다 다른 젊은 관리소 직원들이 보는 앞에서 고인에게 복명복창을 강요했다. 그날 해야 할 업무에 대해 군대처럼 복명복창을 하도록 했다.

동료들의 증언에 의하면 칠십 넘은 노인이 젊은 직원들 앞에서 이등병처럼 복명복창을 하려니 극심한 모멸감을 느꼈을 것이라고 했다. 게다가 관리소장과 고인은 소속된 업체가 달랐다. 한마디로 말해서 관리소장이 고인에 대해 이래라 저래라 할 권한은 없던 것이다. 그래도 복명복창식의 괴롭힘은 지속되었고, 신입 경비원이 새해에 경보기를 오작동한 것을 트집 잡아 고인의 직위를 강제로 해제시켰다. 고인은 반장에서 강제 직위 해제되고 나서 일주일 만에 돌아가신 것이었다.

이에 분노한 경비원들은 이길재 경비대장을 중심으로 관리소장 퇴출 투쟁을 진행했다. 사건이 일어난 직후인 3월 15일부터 집단행동을 시작했고 언론에서 수차례 다뤄졌다. 3월 21일 이후에는 관리소장이 보이지 않았다. 언론에도 관리소장은 해임되었고 3개월 근로계약도 1년으로 회복되었

민주일반노조와 대치동 선경아파트 경비노동자들이 관리소장 퇴출을 요구하는 집회를 열고 있다. 이길재 경비대장이 피켓을 들었다. 사진 제공_전국민주일반노조

다고 보도되었다. 하지만 그것은 사실이 아니었다. 관리소장은 잠시 몸을 피하기 위해 유급휴가를 간 것뿐이었다. 4월 초가 되자 관리소장은 다시 선경아파트로 출근했고 3개월 근로계약은 사라지지 않았다. 오히려 쫓겨난 것은 동료의 죽음을 알리고자 했던 이길재 경비대장이었다. 경비대장은 3월 30일에 민주노총 민주일반노조를 찾아왔고 가입하여 함께 투쟁을 시작했다.

입대의(입주자대표회의)와 관리소장은 악랄했다. 관리소장

은 고인의 죽음에 대해 이길재 경비대장이 유서를 대필했고 자살을 방조했다는 식으로 주민들에게 거짓말을 유포했다. 그리고 경비원들에게 민주노총에 가입한 자를 색출해서 해고하겠다고 엄포를 놓았다. 하지만 경비대장과 경비원들은 굴복하지 않고 민주일반노조와 함께 투쟁했다. 현장에서 앞장서던 경비원 한 명도 노조와 함께 현수막을 설치했다는 이유로 초소 강제 이동을 당했다. 경비원에게 초소 강제 이동을 하라는 것은 그만두라는 것과 다르지 않다. 초소 강제 이동을 당한 경비원은 이렇게 말했다.

"70살 넘으면 자존심 정도는 어느 정도 타협할 수 있다. 하지만 정말 참지 못하는 것은 모멸감이다. 초소 강제 이동을 당해 보니 형님(고인)이 당한 걸 전부는 아니라도 조금은 알 것 같다."

해당 경비원은 그만두기보다는 버티며 싸우길 택했다. 이 아파트의 사건으로 언론에서 인터뷰를 많이 했는데, 다음은 그중 하나다.

"제가 현수막 문구 작성 이유로 한 달 전에 불려 갔었어요. 우리 아파트에 가장 열악한 ○동 ○라인에 배정돼서 9일째 근무하고 있어요. 그러나 나는 뭐라고 선언했냐면, '나는 견딜 수 있다. 내가 나갈 줄 알지? 거꾸로 매달아 놔 봐. 나는 오히려 전투력만 더 생겨.' 굉장히 나는 지금 강해졌어요."

이 투쟁이 6개월이나 지속되고 있다. 그동안 관리소장은 노조의 집회를 봉쇄하기 위해 악의적인 가처분 소송도 걸었다. 입대의 회장은 관리소장을 비호하며 주민 간의 갈등을 조장하고 있다. 하지만 관리소장의 가처분 소송은 노조의 완전한 승리로 판결이 났다. 집회가 정당하므로 금지할 이유가 없다는 것이었다. 입대의 회장도 주민투표를 통해 압도적인 표차로 해임이 가결되었다. 이 모두가 탄압당하고 억압당해도 굴복하지 않는 노동자의 의지가 없었다면 과연 여기까지 올 수 있었는지 항상 되뇌고 있다. 나는 이 투쟁의 담당자로서, 조합원이 탄압에 굴복하지 않고 싸우는데 내가 포기할 수 없다는 것을 매일같이 되새기고 있다.

법적으로는 노조와 경비원들이 이겼다. 그럼에도 불구하고 입대의와 관리소장은 법도 무시하고 있다. 새로운 동대표와 감사, 회장을 선출하라는 구청의 시정명령도 입대의와 관리소장은 무시하고 있다. 주민투표로 인해 해임되었는데도 입대의 회장은 회의를 주관하며 이제는 경비원 구조조정을 계획하고 있다. 관리소장은 사람이 죽었는데도 반성하지 않고 오히려 더 큰 문제를 만들려고 하고 있다. 이 투쟁이 여기까지 오면서 결국 법이 이 문제를 해결할 수 없다는 것은 명백해졌다. 탄압에도 굴복하지 않는 노동자의 의지가, 사람이 죽었는데도 바뀌지 않는 현실을 극복할 수 있는 유일한 해답이다. 나는 오늘도 경비노동자들과 함께 새로운 싸움을 준비하고 있다.

돌아온 관광객, 돌아오지 못한 호텔리어

허지희 | 28년간 일한 세종호텔에서 해고된 후
복직을 위해 싸우는 뜨거운 아줌마

333개의 객실에 500명이 넘는 사람이 투숙 중인 대규모의 호텔이 있습니다. 이곳으로 휴식을 위해 호캉스를 갔다고 가정해 보세요. 샤워하고 보니 타월도 화장실 휴지도 부족합니다. 안내 데스크에 전화를 해도 안 받을 겁니다. 겨우겨우 연결된 직원은 야간에 혼자 근무라 못 가져다준다고 할 겁니다. 야간 근무자가 1명이라니 여러분은 깜짝 놀라실 겁니다. 그러다 부천 호텔처럼 화재라도 난다면 제대로 투숙객을 안전하게 안내하는 게 가능할까요? 한때는 5성급이었던 이 호텔에 무슨 일이 생긴 걸까요?

명동의 세종호텔 이야기입니다. 유니폼의 이름표에

'Heidi Heo'라는 닉네임을 쓰던 저는 스물네 살에 세종호텔에 입사해 20년은 전화 교환으로 일했고 6년은 객실 청소하는 룸어텐던트로, 1년은 주방 보조와 설거지를 하는 팬트리로 일하다가 2021년 정리해고되었습니다.

여러 일을 한 것 같지만 세종호텔의 노조 탄압에 열 번이 넘는 전환 배치를 당한 조합원도 있습니다. 10년 전만 해도 정규직 280명의 직원이 근무하던 호텔이었습니다. 야간에도 전화 교환, 프런트, 벨맨, 도어맨, 룸서비스 요리사와 웨이터, 야간 당직, 나이트 오디터(야간 회계 담당), 하우스키핑, 시설 직원, 주차 직원이 상시적으로 근무했었습니다.

그러나 세종대학교 대양학원의 수익사업체인 세종호텔은 호텔로서의 발전을 원하지 않는 것 같습니다. 주명건 전 이사장이 비리 의혹으로 세종대에서 물러났다가 세종호텔 회장으로 돌아왔을 때 그가 만든 건 용역회사였습니다. 노동조합은 용역화를 반대해 왔지만, 주명건의 '노동조합 뽀개기'가 시작된 것입니다. 복수노조 사업장으로 10년 넘게 임금이 동결되었습니다. 사측 노조가 밀실 합의해 주었기 때문입니다. 사측 노조가 성과연봉제에 합의해 줬기 때문입니다. 저성과자로 찍힌 조합원은 2년에 걸쳐 월급이 반토막

나고 나면 다른 일자리를 찾아 호텔을 떠날 수밖에 없었습니다. 조합원이 6명 남을 때까지 우리는 노동조합을 지키기 위해 매주 문화제도 하고 피켓팅도 하며 회사와 끈질기게 싸워 왔습니다. 사측 노조가 많이 퇴사하면 우리 노조 숫자가 더 많아질 날이 올 거라던 우리의 농담은 시간이 흘러 현실이 되었습니다.

코로나로 외국인 관광객이 끊기자 호텔은 희망퇴직으로 직원들을 퇴사시키는 일에 집중했습니다. 그러자 퇴사하더라도 마지막으로 함께 싸워 보자고 우리 노조에 가입하는 직원이 늘어 2021년 8월엔 우리 노조가 과반수를 넘는 대표 노조가 되기도 했습니다.

회사는 조급해졌습니다. 상호 간에 협의도 안 된 해고자 선정 기준을 벽에 붙이고 정리해고 대상자를 발표해 버렸습니다. 그중에는 육아휴직 중인 노동자와 정년이 몇 개월 안 남은 노동자도 포함되어 있었는데, 두 개의 노조 중 우리 노조만 일방적으로 해고되었습니다. 상식적이지 않은 대상자 선정에 분노한 우리는 그대로 물러날 수 없어 싸우기로 결의했습니다.

로비 점거 농성을 시작하고 피켓팅, 집회로 우리의 억울

정리해고 1000일을 맞아 연대자들과 함께 만든 천막 농성장 현수막. 사진 제공_비주류사진관

함을 알리며 법률 투쟁을 이어 갔습니다. 이런 억울한 해고가 절대 인정받을 수 없다고 생각했기 때문입니다. 당시 호텔은 식당을 폐업해 버렸는데 우리 해고자들은 부당한 해고에 대한 항의로 고객에게 조식을 무료 제공하기도 했습니다. 몇 차례의 거리 행진으로 부당한 해고를 알리기도 하고 주명건의 교회에 가서 항의하다가 예배 방해죄로 고소당하기도 했습니다. 길거리로 쫓겨난 농성장이 구청에 의해 두 번 철거되어도 우린 또다시 농성을 이어 갔습니다. 두 번의 후원 주점과 매주 기도회 그리고 여섯 번의 길거리 명절 차례 지내기를 하며 농성 1천 일이 지났습니다.

세종호텔은 식음료 업장을 폐지하고 치러진 등급 심사

에서 3성급으로 떨어져 이젠 직원도 22명밖에 없고 서비스도 없어졌습니다. 프런트에는 외국어가 불가능한 사측 노조 조합원을 대신해 외국어로 말하는 키오스크 2대가 들어와 있습니다. 정규직을 내보낸 자리에는 객실 청소 용역과 시설 용역을 들였습니다. 용역업체가 객실 청소를 해 주고 시설 유지·보수도 용역업체가 관리하니 고작 22명의 정규직이 호텔을 운영하는 게 가능해 보이기도 합니다.

생존한 22명도 그다지 편치 않습니다. 하루는 화장실, 복도 같은 공용공간 청소와 쓰레기 분리수거를 합니다. 다음 날은 프런트에서 정장을 입고 체크인을 받습니다. 1인 2역을 해야 하는 그들도 쓰러질 지경입니다. 장마 때는 60년 넘은 건물 천장에서 물이 콸콸 쏟아져도 보수를 못 해 한동안 비닐 물길을 봐야 했습니다.

호텔은 서비스를 판매하는 곳입니다. 서비스는 사람의 손길에서 나옵니다. 28년을 근무하며 널찍널찍하고 클래식한 객실과 다정한 서빙 직원들과 멋진 요리사들이 자랑스웠던 나의 호텔은 이제 없습니다. 지난 1천 일간 교육부에서 두 번 해임당한 전 이사장 주명건은 판사였던 아들 주대성을 재단 이사로 만들었습니다. 세종서적에는 딸 이름이 올라 있습니다. 30년 가까이 일한 직원들은 정리해고하고 코로나 시기에 가족을 임원으로 넣은 셈입니다.

세종호텔은 이미 코로나 이전 수준의 수익을 회복했음에도 신규 채용 없이 버티고 있습니다. 그동안 호텔의 모든 수익은 자회사 지분을 늘리는 데 투자해 왔고 자회사 (주)KTSC(구 한국관광용품센타)가 호텔의 수백 배에 달하는 수익을 올리는 구조입니다. 자회사와 부동산에 투자하는 껍데기 모기업일 뿐입니다. 그럼에도 불구하고 20년, 30년 근무해 온 해고자들에게 세종호텔은 청춘을 바친 자랑스러운 "우리 회사"였습니다. 코로나 시기를 이용한 노동조합 없애기가 우리는 너무도 부당하고 억울합니다. 부천 호텔 화재 참사를 보더라도 지금의 세종호텔은 위태위태합니다. 우리는 숙련된 호텔리어인 해고자들을 복직시키고 제대로 안전하고 쾌적하게 세종호텔을 운영하기를 바라며 오늘도 길거리에서 투쟁을 합니다.

---

*덧붙임. 2025년 2월 13일, 세종호텔 고진수 해고노동자가 호텔 앞 2차선 도로 위 10미터 높이의 구조물에 올라 고공농성에 돌입했다.

회사 오면 나는 을이다

엄익복 | 생협 실무자

옆자리 동료의 책상에 무슨 쪽지가 붙어 있길래 봤더니 이렇게 쓰여 있다.

'회사 오면 나는 을이다. 운전 중 욱하면 안 됨. 조합원에게 욱하면 안 됨. 회사 동료와 상호존중. 겸손할 것.'

"성훈 님, 이게 뭐예요? 회사 오면 을이라고요? 성훈 님 요새 많이 힘드신가 봐요." 그러자 다른 동료가 바짝 다가와서 한마디 더했다. "니가 을은 무슨 을이냐? 병이나 정쯤 되겠지. 자기가 을이라니 꿈도 야무지네."

스스로 을이라고 하는 것도 안타까운데, 그만도 못하다고 놀리는 게 황당했다. 하지만 주위의 다른 사람들이 모두

고개를 끄덕이며 "맞아, 맞아." 한다. 성훈 님도 "하긴 그러네요." 하며 허허 웃는다. 하지만 왠지 얼굴에는 씁쓸한 표정이 스쳐 간다.

공급 일을 하다 보면 조합원들에게 갑질을 당할 때가 가끔 있다. 집에 사람이 없으니 주문한 물품을 다른 곳으로 가져다 달라거나 다른 시간대에 다시 오라는 사람도 있고, 늦게 확인한 냉장·냉동 물품의 보관 상태가 좋지 않다고 반품하겠다는 사람도 있다. 또 물품을 받아 냉장고에 넣어 두고는 깜박 잊어버리고 물품을 못 받았다고 하는 사람도 있다. 얼마 전에는 잘못 들어간 물품을 반품하기로 하고, 약속한 날 물품을 내놓지 않길 몇 번 반복하더니, 가족들이 모르고 먹어 버려서 물품이 없다고 하는 사람도 있었다. 가족들이 먹었으면 비용을 지불해야 하는데, 자신이 주문하지도 않았고, 원하지도 않은 물품을 받아서, 먹고 싶지도 않은 물품을 먹었으니 물품값을 지불할 수 없다고 하는 것이다. 잘못 공급한 공급자는 난처했지만 괜히 조합원과 시비가 붙었다가는 좋지 않을 것 같아서 그냥 알겠다, 하고 끝냈다 한다. 이런 경우는 공급자가 물품값을 변상해야 하는데, 다행히 공급센터 예비비가 남아 있어서 그걸로 처리했다.

좀 부당하더라도 조합원들의 요구를 공급자들이 거절하기는 어렵다. 조합원들은 이용에 불편이 있거나 요구할 것이 있으면 상담실로 전화를 건다. 상담실에서는 조합원들의 요구를 센터 책임자에게 전달하고, 센터 책임자는 공급자에게 다시 그 내용을 전달한다. 그리고 공급자는 일을 마친 후 처리 결과를 거꾸로 다시 보고해야 한다. 그 과정에서 조합원은 갑이 되고, 상담실은 을이 되고, 센터 책임자는 병이 되고, 공급자는 정이 되는 것이다.

조합원과 공급자가 직접 통화하면 저마다 상황을 설명하고 공급 흐름에 큰 영향이 없는 선에서 적절히 대응할 수가 있다. 하지만 상담실을 통해서 전달받으면, 잘 처리했는지 평가가 되기 때문에 곤란한 일도 어쩔 수 없이 그대로 할 수밖에 없는 것이다. 더구나 불친절 클레임이 상담 게시판에 올라왔다고 한다. 성훈 님은 물품 공급도 정확히 하고 공급 중 만난 조합원의 질문에도 분명히 친절하게 답했는데, 급하게 돌아선 것이 불친절하게 보인 것 같다고 했다. 공급자가 가장 큰 타격을 받는 것이 게시판에 불친절 글이 올라오는 것이다. 이때는 경위서도 써야 하고 사과 글도 올려야 하기 때문에 기분도 좋지 않고, 억울하기도 하고, 마음에 큰 상처도 입게 된다.

또 공급 중에는 운전도 더 조심해야 한다. 공급을 빨리 하기 위해 서두르다가 끼어들기라도 하면, 난폭운전 차량으로 상담실에 전화가 오기도 한다. 차량마다 주문 상담 전화번호가 크게 적혀 있으니, 그걸 본 뒷차량이 신고를 하는 것이다. 난폭운전으로 신고가 들어오면 이미지 타격도 크고 변명을 해도 소용이 없다. 이렇게 공급이나 운전에 관한 불만 접수를 몇 번 받고 나면 내 처지가 갑을관계의 을이구나, 아니 병이나 정쯤 되겠구나 하는 생각을 절실히 하게 된다. 그걸 깨닫고 항상 기억하기 위해 책상에 써 붙이기까지 했을 때는 얼마나 자존감이 무너지고 처참한 심정이었을지 조금은 짐작이 되어 안쓰러운 생각이 들었다.

물론 공급자들이 잘못하는 경우도 있다. 그리고 공급자들은 물품을 배달하는 사람들이고, 조합원들은 물품을 사는 사람들이니 '고객은 왕'이라고 조합원의 요구가 우선이 될 수밖에 없다. 하지만 그런 이유로 갑을관계가 만들어지고 부당한 일도 감수해야 하는 것은 잘못 되었다고 생각한다. 서로 동등하게 존중하고 배려하는 관계가 될 수 있어야 한다. 사실 내가 일하는 생활협동조합의 조합원과 공급자의 관계는 그런 동등한 관계였다. 조합원들과 공급자들은 서로를 잘 알고, 만나면 이야기도 많이 하고, 행사가 있을 때는 같이 활동하는 동료 같았다. 물론 이건 다 옛날이야기. 코로나 이후로 그런 관계를 기대하기는 어렵다는 것을 잘 안다. 하지만 언제 그랬냐는 듯이 관계가 무너져 버리는 현실은 안타깝기만 하다.

얼마 전 영국 옥스퍼드사전에 '갑질(gapjil)'이라는 말이 고유명사로 등재되었다는 말을 들었다. 갑질이 한국의 고유한 사회현상이라고 했다는데, 정말 그런가 의구심도 들었지만 부끄러운 마음에 얼굴이 붉어지기도 했다. 우리 사회가 경쟁이 심하고, 우열을 가르는 일이 많다 보니 위에 서는 사람이 생기고, 갑질도 일상적으로 나타나는 게 아닌가 하는 생각이 들었다. 하지만 우리가 노력하기에 따라 사회 분위기는 얼마든지 바뀔 수 있다. 그러기 위해 우선 공급하시는 분들에게 감사하고 그분들의 인격을 존중하는 일부터 해야 할 것 같다. 우리 사회에서 공급 일을 하는 많은 분들이 을이 아닌 존중받는 인간으로 당당할 수 있으면 좋겠다.

안전하고 싶다면 노동조합을

이병조 | 금속노조 현대위아 창원비정규직지회 사무장

현대위아 창원 공장은 2018년 7월 비정규직 노동조합이 설립되었다. 노동조합이라는 테두리로 노동자를 모아 한목소리를 내는 것이 우리의 교섭력이었다.

노동조합이 생기기 전에는 현장에서 쓰는 장갑은 늘 모자랐고, 필요한 공구 역시 제때 지급되지 않아 사비로 구매해서 사용하는가 하면, 현장 내에서는 막말과 욕설이 만연했다. 갑자기 몸이 편찮으시다는 부친의 연락을 받아 걱정하던 아들에게 관리자는 "걱정은 집에 가서 하고 일은 잔업을 해서라도 마쳐야 한다. 정신 차리고 일해라." 하며 부친 걱정보다 생산 걱정을 하라는 비인간적인 말을 서슴없이 했다. 눈에 이물질이 들어가 눈도 못 뜨고 콜택시에 의지해 병원에서 치료받고 돌아온 노동자에게는 안대 낀 눈을 가리키며 "이제 뵈는 게 없으니 집에 가야겠수?"하며 조롱 섞인 퇴직 권유까지 했었다. 연차 한 번 쓰려 하면 "너네만 애 키우냐?" "너만 몸이 아프냐? 다른 사람들도 그 정도는 다 아파. 참으면서 하다 보면 나으니 그냥 출근해." 등 관리자들의 비아냥과 막말에 말도 못 하고 넘어갔었다.

노조가 생기자 점차 일상이 반전되었다. 가장 큰 변화가 있었던 것은 안전이다. 항상 부족했던 장갑, 교체 주기를 지키지 않던 안전화, 노동자의 건강보다 우선시되었던 생산 일정들이 싹 바뀌었다.

내가 창원 공장에 입사해서 처음 배운 일은 세척 작업이었다. 현대위아는 현대자동차 계열사로 자동차 부품을 생산하는 회사다. 기름과 이물질을 벗겨 내는 일이 내 손의 피부까지 벗겨 내는 일인 줄은 몰랐다. 처음에는 손이 마르고 갈라져 보습을 못 해서 그런 줄만 알았다. 좀 더 시간이 지나자 좁쌀만 한 수포가 생기고 터지면 진물이 나고 말라붙어 피부가 찢어지는 악순환이 반복되었다. 2018년 12월, 나 하나만 그런 것이 아닐 거란 생각에 현장을 뒤집고 다녔는데

정규직 노동자, 하청 노동자 할 것 없이 증상이 있는 사람이 즐비했다. 우선 하청 노동자 12명만 추렸다. 경남근로자건강센터에서 진단을 받고 집단 발병으로 노동부를 찾아가 중대재해가 발생했으니 특별근로감독을 하라고 촉구했다.

이 일로 안전교육 미실시, 현장 내의 산업안전법 위반 사항, 원청이고 하청이고 할 것 없이 태만했던 산업안전보건위원회의 처분이 원·하청 모두에게 내려졌다. 하지만 시정명령 외에 내려진 벌금은 다해서 500만 원도 안 되는 금액이었다. 하청 사장들은 반성의 기미가 없었고, 현장의 일부 정규직들은 "하청 것들이 현장을 들쑤시고 다닌다." "잘 쓰고 있는 장갑에 괜한 시비냐?" "위아래도 없는 것들." "회사가 싫으면 니들이 나가면 된다." 하며 불쾌감과 적대심을 드러내기도 했다. 그럼에도 피부질환에 대한 대책으로 불침투성 니트릴 장갑을 요구하여 현장에 지급되었고, 정규직 역시 이후부터 지급받아 사용하고 있으며, 지금까지 동일한 질병의 발생은 더 이상 확인되지 않고 있다. 이 사건으로 노동자들이 얻어 낸 성과는 보호 장구에 대한 지급 기준을 마련한 것과 당시 사내의 3개 하청사들과 통합산업안전보건위원회의 구성을 이끌어 낸 것, 각 하청사들마다 명예산업

비정규직 노조가 요구한 불침투성 니트릴 장갑을 끼고 작업하는 하청 노동자. 이후부터 확인된 집단 피부질환 발병은 없다. 사진 제공_현대위아 창원비정규직지회

안전감독관을 위촉시킨 점이다.

이러한 성과도 법의 강제성이나 억제력으로 이루어진 것이 아니다. 이마저도 노동조합이 언론을 통해 알리고, 집회를 열어 알리며 밖으로 목소리를 냈기 때문이다. 자본가들에게 이 정도의 벌금은 정말 푼돈이었다. 자진해서 납부했으므로 감액해 주고, 중소기업(하청)이라서 감액해 주고 나면 안 그래도 적은 벌금이 더 적어진다.

2021년 1월 창원 4공장의 프레스를 이용해 주물을 찍어 내는 단조반에서 프레스에 협착되어 노동자가 사망하는 중대재해가 발생했다. 혼자 작업해도 위험할 프레스 작업을 3명이 나눠서 작업을 하다가 작업자 간 사인 미스로 사고가 발생하였다. 원인은 작업 계획에도 없는 임의 작업이었다. 안전장치 설치 미흡, 안전 수칙 미준수 등이다. 하청업체 관리자들끼리 야간 시간을 이용해 당일 생산 계획이 없어 멈춰있던 비가동 설비에서 임의로 작업을 하다가 사고를 냈다. 문제는 기계 안에 사람이 들어가 있음에도 안전 센서의 설치 위치 불량으로 기계가 동작했다는 것이다. 사고 수습과 동시에 3일간의 특별근로감독을 실시했지만, 현대위아는 책임 회피에 급급했고, 함께 참여한 정규직 지회는 하청의 사고에 관여하는 부분의 내부적인 입장 차이 때문에 적극적으로 임하기는 힘들었다.

수십 건의 위반 사항들을 적발했음에도 시정명령과 함께 원청인 현대위아 법인에게 1천만 원, 책임자에게 600만 원의 벌금, 하청사 법인에 800만 원, 책임자에 금고 6개월에 집행유예 1년, 대표에게 징역 6개월에 집행유예 1년이 고작이었다. 원·하청 다 합쳐 2,500만 원도 안 되는 벌금과 실형 없는 처벌을 보면 세상이 얼마나 노동자의 목숨을 가벼이 생각하는지 알 수 있다.

현장에 자동문 하나 설치하는 것에만 1,500만 원의 비용이 든다. 위험성 평가와 근골격계 유해 요인 조사로 개선 대책을 세우면 사업주들은 거부부터 할 수밖에 없는 구조이다. 사람이 죽어도 개선 비용보다 벌금이 더 싸게 먹힌다는 계산이 나오기 때문이다. 한 사업장에서 중대재해가 몇 차례씩 발생하더라도 별로 다를 바가 없다. 피해자들이 아무리 강력한 처벌을 요구해도 징벌적 처벌은커녕 회사가 영세하니 벌금을 감면해 주고, 성실 납부 했으니 감면해 준다. 그래서 우리는 처벌보다 재발 방지 대책에 대한 요구를 더 많이 하게 된다.

이후 교섭에서 지회는 광주, 안산의 현대위아 비정규직 지회들과 연대하여 "생산·안전·고용협의회"를 신설하는 것에 합의하였다. 이 단위는 노사협의회와 산업안전보건협의회를 확장하는 성격을 가진 단위이다. 지역별로 진행하되 공장별로 해결되지 않던 안건들을 모아서 분기별로 원청의 관계 부서와 하청 대표들 그리고 노동조합이 참여하여 협의하는 회의체이다. 원청의 직접적 개입으로 개선 속도는 이전에 비교할 수 없는 수준이 되었고, 의외로 노사관계는 이

전보다 원만해졌다.

현대위아 창원비정규직지회에서 발생했던 사례들을 보면, 처벌하는 법에 하한선이 없고 상한선만 있는 한(예: 중대산업재해에 이르게 한 사업주 또는 경영책임자 등은 1년 이상의 징역 또는 10억 원 이하의 벌금에 처한다), 항상 소극적인 솜방망이 처벌만 내려질 것이다. 노동조합이 있는 곳은 스스로 현장을 바꾸어 나갈 목소리를 낼 수 있고 싸워 나갈 힘이라도 있지만, 그렇지 못한 현장들은 계속되는 악순환의 연속일 수밖에 없다. 그러므로 노동자 스스로를 지키기 위한 생존법인 노조법 2조, 3조가 개정되고 강화되어야 노동자가 진짜 사장(원청)과 교섭과 협상을 할 수 있고, 또한 투쟁으로 인한 노동자의 불합리한 처우를 막아 우리 스스로 현장의 노동자들의 권리를 지켜 낼 수 있다.

우아하고 당당한 '콜센타 그 언니'

변지현 | 금속노조 유베이스수원지회 사무장

  나는 2017년 6월 19일 콜센터 아웃소싱 전문 업체인 유베이스에 입사했다. 유베이스는 용산, 여의도, 을지로, 부천, 부산 등지에 메가 센터를 두고 있고 160여 개의 고객사가 있다. 그중 수원사업장은 ㈜삼성전자서비스CS(이하 삼서비스)를 고객사로 두고 있었고 50여 명의 직원이 근무했다.

  1평 정도 되는 자그마한 공간에 칸막이가 쳐진 책상에서 하루 8시간, 평균 150~200통의 전화를 걸고 받으며 각자 본인들 일만 한다. 일한 만큼 실적으로 반영하여 1등부터 꼴등까지 책정되고 그게 곧 인센티브가 된다. 서로서로 친하긴 하지만 경쟁이 익숙해져 버린 관계들.

업무는 CMI(Customer Monitoring Index), B2B(Business To Business), 일반적인 A/S 수신 전화를 받는 부서로 구성되어 있다. 업무에서 가장 큰 비중을 차지하는 CMI 부서는 삼성서비스에서 가전제품이나 스마트폰 등 A/S를 받은 고객에게 해당 서비스가 어땠는지 고객만족도 평가를 받고, 점수가 낮다면 왜 낮은 점수를 주었는지 불만 고객에게 발신하여 구체적인 사유를 묻고 개선해야 할 점을 취합한다. 받은 서비스에 상당한 불만이 있고 원하는 대로 처리가 되지 않아 화가 나 있는 고객에게 '원치 않는 전화'를 걸어 해당 상황을 다시 상기시키고 해결점 없이 고객의 의견만 달라고 하는 굉장히 까다롭고 불만도 자주 발생하는 고난이도의 업무다. 삼성서비스와 10년이 넘게 하청 계약을 유지해 오고 있었지만, 매년 연말에는 부서가 없어진다는 소문이 돌았고 직원들은 고용불안에 시달려야 했다. 2019년 말, 소문이 사실이 되어 버리는 상황이 발생했다. 부천 본사의 사업팀 팀장이 수원 사업장에서 하는 업무를 부천으로 가지고 갈 계획이고 퇴사를 하는 사람들에게는 실업급여를 '받게' 해 주겠다고 했다.

일과 가사, 자녀 양육 등을 병행하는 중년의 주부들에게 아무런 대책 없이 '부천으로 일하러 갈 사람들은 가라.'

는 통보는 해고 통보나 마찬가지였다. 자가용이 있는 사람은 극소수였고 대중교통을 이용하면 각자의 집에서 부천 센터까지는 왕복 4시간 정도가 소요되니 도무지 불가능한 일이었다. 직원들은 생계 불안 등의 급한 마음에 노동조합을 만들어야겠다는 의견들을 내놨다. 그리고 2019년 3월 27일 '금속노조 유베이스수원지회'가 설립되었다.

조합원 평균연령 50세. 서로가 경쟁 관계였던 상태에서 아무 준비도 없이 노동조합이라니…. 나만 해도 입사했을 때부터 남한테 관심이 없었다. 입사한 이유도 그냥 남들 쉴 때(주말)에 쉬고 싶어서 들어왔던 거라 회사 생활을 하면서 사람들하고 친해질 이유를 못 느꼈다. 괜히 친해져서 각자의 개인 사정이라든지, 약점이라든지 그런 걸 알고 싶지 않았고 알게 할 이유도 없었으니까….

그렇게 노동조합의 '노' 자도 모르는 사람들이 운영하는 노동조합은 정말 오합지졸이었다. 콜센터라는 이 열악한 환경에서 노동조합을 유지하기란 현실적으로 너무 어려우니까…. 하지만 외부의 시선이나 사측이 생각하는 그림대로는 절대 흘러가고 싶지 않았다. 그래서 나는 내가 맡은 사무장 역할 내에서 나름의 모든 걸 다 갈아 넣어 지회를 유지하고

유베이스지회의 선전 물품. 사진 제공_유베이스지회

운영해 왔는데 3년 만에 똑같은 상황이 발생했다.

2021년 11월 29일 사측은 삼성과의 계약 해지로 CMI 부서에 더 업무가 없다는 일방적인 통보를 했다. 2021년도 단체협약을 맺은 지 불과 52일 만이었다. 단협에는 '업무의 배치전환은 사전에 조합 및 본인과 충분히 협의해야 하며, 불이익하게 전환할 때는 합의하여 시행한다.'라는 조항이 있다. 단협은 근로계약이나 취업규칙보다 우선 적용된다. 사측의 행동은 단협을 정면으로 위반하는 행동이었다. 12월 1일부터 고용안정협의회를 진행하였으나 사측은 별다른 대책을 내지 않아 12월 한 달간 무의미한 고용협의회만 진행됐다. 회사는 조합원 희망퇴직을 종용했고 계속되는 압박과 스트레스로 인해 조합원 10명이 희망퇴직을 했다.

2022년 1월 사측은 전환배치 개인 면담을 진행했다. 이미 고용안정에 대한 일체의 권한을 지회에 위임한 상태인데 개별 면담이라니?! 재택근무에 대해 편하게 얘기하라는 사업팀 팀장의 말에 조합원들은 각자의 개인 사정과 '생각'을 말했다. 다수의 조합원이 '생활권인 수원사업장을 유지하고 유사 업무를 유치하여 오랫동안 함께한 동료들과 같이 업무하는 것이 필요하며 부천 등 타 지역으로 전환배치 시 생활상의 불이익 규모가 너무 크게 느껴진다.'는 취지로 답변했는데, 후에 사측은 해당 답변을 두고 '회사에서 재택근무까지 제시'했음에도 불구하고 전 조합원이 재택근무를 반대했다는 억지 주장을 했다. 한 번도 정식 서면으로 제시안을 보내지 않은 채 고용안정을 위해 사측이 뭘 하겠다는 건지 이해할 수가 없었다.

평범한 가정에서 중년의 여성이 재택근무를 할 수 있는 개인적 공간을 가지고 있는 사람이 몇이나 될까? 무엇보다 가족들이 다 있는 집에서 하루 8시간, 눈에 보이지도 않는 고객들을 향해 머리를 숙여 가며 "죄송합니다. 시정하도록 노력하겠습니다."를 말하는 한 집안의 딸이자, 엄마이자, 아내의 입장은 어떨 것인가? 그걸 바라보는 부모님, 자녀, 배우자는 또 어떤 기분이 들 것이라 생각되는가? 짧게는 10년, 길게는 30여 년 동안 회사에서 일하면서도 온종일 죄송하다는 말을 입에 달고 살아 자존감도 점점 떨어지고 어딜 가서도 죄송하다는 말이 먼저 나오는 상담사들이 마음만은 편하게 쉴 수 있는 곳이 집이다. 그런 공간마저 회사 업무와 집안일을 합쳐서 할 수 있는지 묻는다는 것은 상담사들의 입장을 전혀 이해하지 못하는 질문이었다.

지회는 더 이상 고용안정협의회 등으로 풀어 갈 문제가 아니라 판단, 경기지부에 조기 교섭 요청 안건을 승인받아 사측에 특별교섭을 요구했다. 하지만 사측은 교섭을 회피했다. 우여곡절 끝에 2022년 1월 고용안정 특별교섭 1차 교섭이 열렸다. 사측의 주장은 변함이 없었다. 유베이스 대표이사와도 면담을 하였으나 입장은 같았다. 지회는 일정 부분 회사의 상황을 고려한 새로운 요구안을 2차례나 냈지만, 회사의 태도 변화는 없었다. 회사는 3월 7일 인사위원회를 개최했다. 그날은 난생처음 집회를 했다. 재심과 징계위, 징계

위 재심 등을 거치고 그 과정에서 극심한 스트레스를 받던 많은 조합원이 희망퇴직을 했다. 현재 해고된 조합원은 12명이다. 2022년 4월부터 우리 지회는 본격적으로 투쟁을 시작했다. 전국에 많은 센터를 가지고 있는 만큼 곳곳에 집회신고서를 냈다. 부천원미경찰서, 용산경찰서, 서울중부경찰서, 부산연제경찰서 등…. 살면서 경찰서를 이렇게 많이 또 자주 가 본 적이 있을까? '웃픈' 얘기지만 경찰서에 가면 집회신고서가 아주 완벽하다는 칭찬(?)까지 듣는다. 상담사들이 점심시간에 나와 볼 수 있도록 난생처음 중식 선전전을 진행하고 홍보물도 배포했다. 선전전을 하면서 불쌍해 보이거나 안타까워 보이고 싶지 않다. 단체협약을 지키지 않은 부당징계와 부당해고를 철회하라는 정당한 권리를 얘기하고 있으니 우아하고 당당하게 우리 얘기를 전했다.

콜센터 일이란, 친절하기만 하면 누구나 쉽게 할 수 있는 일이며 그러니 최저임금을 줘도 되고 필요 없으면 다 쓴 배터리 교체하듯 나가라고 해도 된다는 인식이 사회에 깔려 있다. 콜센터 노동자야말로 현 사회에 꼭 필요한 '필수 정보·전자 노동자'라는 걸 미약하게나마 세상에 알리고 우리의 권리도 되찾고 싶다.

외자만 유치하면 끝, 노동자 보호는 뒷전
노조만 생기면 튀는 해외자본 먹튀방지법

"회사가 일방적으로 청산하고 노동자 모두를 내쫓는 건 법이 보호하는데 왜 아무런 잘못도 없이 일자리를 빼앗긴 저희의 권리를 보호하는 법은 없습니까? 판사님, 저희를 지킬 법은 어디에 있습니까? 저희의 억울함은 어느 법에 호소해야 해결됩니까? 정말 묻고 싶습니다."

한국옵티칼하이테크지회 이지영 사무장의 말이다. 세금 감면, 토지 무상 임대 등 갖은 특혜를 다 누리다가, 이윤율이 좋은 곳이 생기면 사업장을 폐쇄하고 노동자를 헌신짝 버리듯 해고하는 악질 자본들. 이훈 민주노조를깨우는소리 호각 활동가는 "외자유치 기업들 가운데 노동조합이 결성되면 청산 절차를 밟는 것이 패턴화되고 있다"며 "이를 방지하기 위한 '먹튀방지법'이 준비중"이라고 말했다.

4

먹튀, 달면 삼키고

쓰면 뱉는…

아빠, 동지가 뭐야?

최현환 | 금속노조 한국옵티칼하이테크지회 지회장

나는 한국옵티칼하이테크에 2005년도에 입사해서 사원부터 시작하여 한 공정을 책임지는 반장까지 16년간 현장에서 일을 했다. 노조 조합원들은 한 해 한 해를 시한부 삶을 살듯 불안한 환경 속에서 직장 생활을 이어 가고 있었다. 2018년, 2019년 두 번의 구조조정에다 회사는 수없이 폐업할 수 있다고 얘기를 했기 때문이다. 나는 금속노조 12기 지회장이 됐고 조합원들은 임단협에서 임금보다는 고용안정이 최우선이라고 했다. 임단협 교섭에서 나는 사측에 '고용안정을 최우선적으로 논의하자, 고용안정 방안을 찾아보자.'고 했다.

기회는 찾아왔다. 중국 상하이 공장이 봉쇄되면서 중국 물량이 국내로 일부 들어오게 되었다. NITTO(니토)는 지산지소(지역에서 생산하고 지역에서 소비한다) 방침에서 분산 생산하여 물량을 안정적으로 고객사에 납품하겠다고 했다.

한국옵티칼하이테크는 LCD모니터에 들어가는 편광 필름을 만드는 업체로 주 고객은 LG디스플레이다. 기회를 잡기 위해 2018년, 2019년에 구조조정을 당하였던 옛 직장 동료들을 경력직으로 채용하게 되었고 일본 본사 정보재사업본부장이 직접 내방하여 '향후 고용안정이 되도록 물량 확보를 하겠다, 여러분들이 한국옵티칼하이테크에 꺼져 가는 촛불에 새 희망의 불씨를 밝혔으니 최선을 다해 같이 노력해 보자.'고 했다. 그렇게 차근차근 준비를 하면서 정상화를 시켜 가고 있었고 대표이사는 일본에 가서 하반기 방침 발표를 마치고 와 중국에 있는 설비도 신규로 도입하여 내년 모델도 추가로 하게 되었다고 했다. 그날이었다. 신규 설비 도입이 확정되었다고 하던 날 퇴근하고 집으로 가는 길에 회사 인사과장한테서 전화가 왔다.

"지회장님 큰일 났습니다. 공장동에 화재가 발생했습니다."

전화를 끊고 차를 돌려 회사로 향하면서 사무장한테 연락을 했다. 사원들은 안전하게 대피를 하였는지 물었다. 다행히 퇴근 후 현장에는 조합원은 없었고 일부 남아서 일하는 조합원들은 저녁 식사 시간이라 식당에 있다가 안전하게 대피를 했다고 한다.

회사에 도착하니 소방차가 와서 화재 진압을 하고 있었고 눈앞에서 수십 년간 일한 공장동이 전소되고 말았다. 한쪽에서는 조합원들이 눈물을 흘리면서 집에도 못 가겠다고 걱정을 했다. 그 모습이 안타까웠다.

다음 날 임시휴업이 진행되었다. 조합은 앞으로 상황을 논의하자고 했다. 하지만 대표이사는 화재 원인 조사를 해서 본사에 보고하는 중이라며 아무런 결정을 할 수 없다, 본사 최고경영진이 결정할 사항이니 기다려 달라고 했다. 회사가 한 정상화 약속도 있기에 조합 간부들과 논의 끝에 기다려 보기로 했다.

하지만 회사는 화재가 발생하고 한 달 뒤 청산 통보를 했다. 노조 대표단과 일본 대표이사를 포함한 회사 측과 만났다. 앞으로 진행 상황은 노무사에게 위임하겠다고 한다. 노무사가 위임받은 것은 위로금에 관한 논의뿐이었다. 고용에 대해서 먼저 얘기가 되어야 하는 것이 아니냐고 말하니, 노무사는 자기가 얘기할 범위는 아니라고 한다. 그렇게 조합과 회사는 서로 주장하는 것이 달라 평행선을 달려갔다.

노동조합은 "구미공장 재건하고 고용안정 보장하라." 회사는 "위로금을 지급할 테니 희망퇴직을 하라.", 입장이 달라 회사와의 만남은 더 이상 없었다. 노조에서 수차례 보충교섭을 요구하였으나 회사는 응하지 않고 일방적으로 희망퇴직을 강행하였다.

노조는 전체 조합원을 대상으로 현 상황 설명과 교육을 진행하였으나 사측이 제시한 위로금을 뛰어넘기에는 역부족이었다. 함께해 온 사무장과 간부 동지들이 희망퇴직을 해야겠다며 미안하다고 한다. 생계 때문에 함께 끝까지 싸워 주지 못하지만 반드시 내 억울함까지 회사에게 갚아 줬으면 좋겠다고 한다. '그래. 반드시 구미공장 재건시켜 다시 함께 일하자.' 하고 웃으면서 헤어졌다. 조합원 146명 중 129명이 퇴직했다. 12월 16일 희망퇴직 신청 종료일이 지나 19일 지회 사무실에 모인 조합원 17명은 '구미공장 재건하고 고용안정 쟁취하자'라는 슬로건으로 투쟁을 시작했다.

청산 철회 투쟁을 결심할 때 아내의 말 한마디와 격려가 큰 도움이 됐다.

"큰아이 키울 때 12시간 주야 교대로 일하면서 오빠가 청춘을 다 바친 회사고 그렇게 일한 오빠 때문에 나는 독박육아 하면서까지 지켜 온 회사인데 하루아침에 나가라고 하는 건 억울하지 않아? 오빠 하고 싶은 대로 해 봐. 나중에 후회하지 말고…. 돈은 나중에 둘째 조금 더 크면 나도 일할 수 있으니 너무 걱정하지 마."

집에서 집회 발언을 연습하는데 다섯 살 막내딸이 "아빠, 동지가 뭐야?" 하고 물어보고는 웃으면서 "투쟁!" 하고 외친다. 우리 딸들은 좋은 환경에서 일할 수 있도록 바꿔야겠다는 생각이 들면서 마음속 한구석이 이상하게 아팠던 거 같다.

내가 살면서 해고장을 받을 거라는 생각은 하지 못했다. 해고장 받을 거라 생각하면서 일하는 노동자는 없을 거다. 투쟁을 하면서 알게 되었는데 '해고는 살인이다' 이런 문구가 있었다. 참 무심하게 살아온 듯했다. 그동안 수많은 해고자들이 있었고 그 억울함에 투쟁을 하는 많은 동지들이 있는지 몰랐다. 그동안 연대를 못 한 후회가 쓰나미처럼 밀려왔다.

2023년 1월 30일 노동조합 사무실 앞에 천막을 설치, 공장 점거를 시작했다. 사진 제공_한국옵티칼하이테크지회

아침 출근 시간에는 구미 주요 사거리에서 시민 선전전을 하고 직접 선전지도 제작하면서 우리의 결의를 다져 나가기 시작했다. 12월 21일 해고장 반환 퍼포먼스를 하기로 했는데 아침부터 첫눈이 내리기 시작했다. 내 생각과 달리 우리 조합원들은 위축되지 않았다. 즐기는 모습을 보면서 이 투쟁 끝까지 싸우면 반드시 승리하겠구나, 하는 생각이 들었다. 우리 조합원들이 대단해 보였다. 함께 투쟁해 줘서 고마웠다.

정신없이 2022년이 지나가고 새해를 맞이했다. 고용관계 종료일인 2월 1일이 다가오고 우리가 이렇게 있다가는

지회 사무실도 사용 못 하게 될 수 있을 거 같았다. 1월 30일 지회 사무실 앞에 천막을 설치, 공장 점거를 시작했다. 그러자 회사는 천막을 철거하고 조합 사무실을 공장 밖에 이전할 것을 요청하고 있다. 해고해 놓고는 공장 밖에다가 조합 사무실을 구해 준다고 한다. 멀쩡한 조합 사무실을 두고 왜 공장 밖으로 나가냐고, 우린 여기 조합 사무실에서 노조 활동을 하겠다고 했다. 회사는 공장 사수 투쟁이 부담이 되었는지 무상으로 사용하고 있던 토지를 한국산업단지공단에 입주 계약 해지를 하였고 천막 철거가 지연되는 날짜만큼 하루 140만 원, 월 4,700만 원의 손해배상을 청구하겠다며 협박을 했다.

화재 사고 후 6개월이라는 시간이 흐르면서 선전전과 공장 사수 투쟁을 하고 있지만 회사가 묵묵부답으로 있으니 조합원들이 조급해하고 지쳐 가는 것 같은 느낌이 들었다. 교육을 배치하고 간담회도 하면서 조직을 재정비하는가 싶었는데 저번 주에 3명의 이탈자가 생겼다. 함께 같은 곳을 바라보던 동지가 자본과 타협을 하려고 한다. 지자체에서 외국인 투자 기업에게 각종 혜택을 주면서 유치만 하는 것으로 끝나지 않고 고용안정이 되도록 관리를 하는 제도 마련이 필요하다고 생각한다.

  매월 마지막 주 수요일 구미지부 투쟁사업장 공동수요문화제를 한다. 조합원들과 결의하고 다짐하면서 이 투쟁 끝까지 이어 가면 반드시 승리할 거라 믿으며 한 발 한 발 나아간다.

*덧붙임. '한국옵티칼하이테크 고용승계로 가는 희망뚜벅이'는 2025년 2월 27일 시작해 구미에서 국회까지 350km를 걷는 대장정을 3월 7일 마무리했다. 최현환 지회장과 김진숙 민주노총 부산본부 지도위원 등 노동·시민·사회단체 회원들은 이날 기자회견 후 우원식 국회의장을 면담하고 425일째 고공농성 중인 박정혜, 소현숙 씨를 비롯한 해고노동자들의 고용승계를 촉구했다.

우리에겐 '먹튀방지법'이 필요합니다

이훈 | 민주노조를깨우는소리 호각 활동가

    한국옵티칼하이테크 사태는 처음이 아니다. 긴 시간, 반복해서 있었던 일이다. 경상북도 구미에 위치한 한국옵티칼하이테크 공장에서 폐업 투쟁이 이어지고 있다. 2022년 11월 4일, 급작스럽게 회사가 문자로 청산을 통보하며 갈등이 시작되었다. 회사는 노동자 전원 희망퇴직할 것을 강요했고, 만약 거부하면 정리해고하겠다고 협박했다. 그렇게 약 200명의 노동자 중 대부분이 떠났다. 현재는 7명이 남아서 '고용안정 쟁취'를 외치고 있다.

    특혜를 받으며 들어와서는 갑자기 노동자 전부 버리고 청산하겠다는 회사를 놓고 사람들은 입을 모아 말했다. '이

건 먹튀야! 어떻게 이런 일이 있을 수 있어?' 하지만 과연 그럴까? 혹시 이런 '먹튀'가 생각보다 자주, 오랜 시간 있지 않았을까?

노조가 생기는 순간 튄다

1972년, 한국수미다전기가 마산자유무역지역에 설립됐다. 일본 기업의 한국 자회사였다. 회사는 노동자의 헌신과 외국인 투자 기업에 대한 여러 특혜에 기반해서 약 16년간 70배 성장했다. 1987년, 한국수미다전기 노동조합이 설립됐다. 노동조합이 설립된 이듬해, 회사는 1차 희망퇴직을 시행했다. 노동자가 2천 명에서 7백 명으로 줄었다. 그다음 해, 2차 희망퇴직이 시행됐고 7백 명은 5백 명으로 줄었다. 1989년 10월 14일, 일본에서 한국 공장으로 팩스 한 장이 도착했다. 청산 통보였다. 현재 남은 노동자 450명은 전원 해고라는 내용이었다. 노동조합이 생기고 2년 만에 회사는 청산을 결정했다.

1973년, 한국산연이 마산수출자유무역지역에 설립됐다. 역시 일본 기업의 한국 자회사였다. 약 23년간 노동자의 헌신과 외투 기업에 대한 특혜 덕에 회사는 많은 돈을 벌었다. 1996년, 한국산연 노동조합이 민주노총에 가입했다. 1997년, 일본 주주총회에서 한국 공장 철수 및 인도네시아 이전을 결정했다. 노동조합이 생기고 1년 만에 회사는 철수를 결정했다. 한국산연 노동조합은 호락호락하지 않았다. 약 1년 반의 투쟁으로 철수를 막아 냈다. 이후 회사는 약 6년간(2007~2012년) 7번의 구조조정으로 약 500명의 노동자를 내보냈다. 2016년, 회사는 민주노조원 전원(34명)을 정리해고했다. 물론 노조는 호락호락하지 않았고 1년의 투쟁으로 17명이 복직했다. 그러나 2020년 7월 9일, 회사는 폐업을 결정했다. 노동조합이 생기고 24년간 회사는 청산을 시도했고 결국 청산했다.

2003년, 한국옵티칼하이테크가 경상북도 구미 4공단 외국인 전용 단지에 설립됐다. 역시 일본 기업 NITTO(니토)의 한국 자회사다. 한국옵티칼하이테크의 약 18년간(2003~2022년) 매출 총액은 7조 7천억 원이었다. 2016년 11월, 금속노조 한국옵티칼하이테크지회가 설립됐다. 2018년과 2019년에 회사는 각각 1차, 2차 희망퇴직을 신청하라고 유도했다. 희망퇴직이 끝나자 800명에 가까웠던 인원이 약 56명으로 줄었다. 2022년 11월 4일, 회사는 노동자 전원에게 문자로 청

가처분 강제집행 당시 몸에 쇠사슬을 휘감은 채 손을 잡은 두 옵티칼 조합원. 사진 제공_금속노조 한국옵티칼하이테크지회

산을 통보했다. 전원 희망퇴직 하라며, 거부하는 사람은 정리해고할 것이라고 했다. 현재, 7명의 조합원이 남아서 평택 쌍둥이 공장으로의 고용승계 투쟁을 이어 가고 있다. 한국옵티칼하이테크는 코로나의 영향으로 일시적으로 물량이 폭발하면서 시기가 다소 늦춰졌을 뿐, 노동조합이 생기고 꾸준히 청산 절차를 밟았다. 그렇게 노동조합이 생기고 6년 만에 청산했다.

패턴화된 청산 절차

외국 투기 자본의 청산은 패턴화되어 있다.

1. 세금 감면, 토지 무상 임대 등 특혜를 받으며 한국에

들어온다. → 2. 특혜와 노동자 착취를 통해 천문학적인 돈을 번다. → 3. 회사에 노동조합이 생긴 것을 안다. → 4. 조용히 물량을 다른 지역, 나라의 공장으로 옮기며 현장에 희망퇴직 분위기를 조성한다. → 5. 희망퇴직으로 노동자의 숫자를 줄이며 법정에서 해고 회피 노력을 했다고 주장할 근거를 쌓는다. → 6. 팩스, 메일, 문자 등 성의 없는 방법으로 청산을 선언하고 남은 노동자 전원을 버리고 튄다.

이러한 '먹튀' 패턴은 비단 위의 세 개 사업장에 기반한 것이 아닙니다. 1989년 오리온전자, 2003년 한국시티즌, 2006년 한국산본, 2008년 한국시티즌정밀, 2020년 한국게이츠, 2022년 영천 다이셀코리아, 2022년 한국와이퍼 등 나열할 수 없을 만큼 많은 외투 기업이 이러한 패턴 속에서 청산했다. 지엽적인 부분은 조금씩 다르지만, 패턴을 무너뜨리거나 특별히 예외적인 사례는 찾아보기 힘들 정도이다.

한국 정부는 호구인가?

이제 패턴은 알았고 지금까지 피해자 규모도 거대하다. 그러나 한국의 법은 외투 자본을 유치하는 데에만 혈안이다. 외투 자본이 노동자의 고용을 책임지도록 하는 데엔 어떠한 규제도 없다. 이를 놓고 '묻지 마 유치'라고 하는데, 기업 유치가 절박한 국가들에서 시행하는 방법이며 대한민국은 이러한 방법을 쓸 정도는 아니라는 것이 전문가의 의견이기도 하다.*

그럼에도 윤석열 대통령은 '외국인 투자 기업들이 한국에서 마음껏 경영 활동을 할 수 있도록 최고의 환경을 만들기 위해 최선을 다할 것'이라고 말하고** 한덕수 국무총리는 '좀 더 외국인들에게 편안한 경영 환경을 만들어 줘야 한다고 생각'***한다고 말한다. 21대 국회에서 더불어민주당 국회의원 12명은 특혜를 받는 외국인 투자 기업의 범위를 넓히자고 입법 제안을 했다.****

---

*'특혜만 챙기고 먹튀?', MBC 스트레이트, 정세은 충남대학교 경제학과 교수 인터뷰 중(2023. 11. 26).

**S-OIL 샤힌 프로젝트 기공식 윤석열 대통령 발언 중(2023. 3. 10).

***녹색정의당 양경규 의원 대정부 질의 중(2024. 2. 22).

****김하늬 기자, [단독]국내유턴 기업, 외투지역 입주허용…수요-공급 '패키지유턴' 우선지원, 머니투데이(2020. 8. 27).

포기할 수 없다

이대로 두면 '먹튀'는 계속 발생할 것이다. 인간답게 살기 위해 노동조합을 만들었더니, 회사가 아예 튀어 버리는 이 황당한 상황을 이젠 끊어야 한다. 상황이 발생할 때마다 단사 노조가 파도처럼 큰 부담을 지게 해서도 안 된다. 과거를 분석했고 현재 상황을 판단했으니, 나아갈 차례다. 현재 22대 국회의 일부 국회의원이 '먹튀방지법'을 준비 중이다. 지금까지 외투 기업이 울린 노동자가 이미 많다. 더 늘어나지 않게 부디 법으로 보호하길 바란다.

2024년 2월 24일, 가압류 이의신청 심문에서 한국옵티칼하이테크지회 이지영 사무장의 당사자 발언 중 일부를 인용하며 글을 마친다.

"회사가 일방적으로 청산하고 노동자 모두를 내쫓는 건 법이 보호하는데 왜 아무런 잘못도 없이 일자리를 빼앗긴 저희의 권리를 보호하는 법은 없습니까? 판사님, 저희를 지킬 법은 어디에 있습니까? 저희의 억울함은 어느 법에 호소해야 해결됩니까? 정말 묻고 싶습니다."

3288일의 해고, 이젠 끝나려나?

이훈 | 민주노조를깨우는소리 호각 활동가

의도치 않게 구미에 일찍 갔다. 아사히글라스비정규직지회(이하 아사히) 9주년 문화제는 토요일인데 구미에 도착한 건 목요일 저녁이었다. 지회장 차헌호 동지는 근처에서 콩국수를 먹자고 했다. 차로 3분 거리인 국숫집에 갔다. 사장님은 차헌호 동지를 알고 계셨다.

"요즘 어떻게 되고 있어?"

"대법원 선고 날짜가 잡혔다가 연기됐어요."

"언제로?"

"몰라요. 날짜도 안 잡혔어요."

"근데 그런 건 누가 연기하는 거야?"

"법원이, 판사가."

두 사람은 익숙하게 재판 상황을 공유했고 사장님은 옆 테이블과 딱 봐도 양 차이가 나는 국수 그릇을 내려놓으셨다. 차헌호 동지가 "우리 만두도 하나 주세요."라고 하자, "이미"라면서 서비스로 준비하신 만두도 내려놓으셨다. 우리가 양이 너무 많다고, 어떻게 다 먹냐고 하니 사장님은 "길에 있으니까 불쌍해서."라며 농담을 하셨다. 다 같이 웃었고 후루룩 국수를 먹었다.

며칠 사이, 비슷한 일이 더 있었다. 한국옵티칼하이테크(이하 옵티칼) 앞에서 혼자 택시를 타자 기사님은 내가 조합원인 줄 알고 아사히 투쟁 이야기를 꺼내셨다. 미용실에선 디자이너 선생님과 내가 아사히 이야길 나누자, 옆에 있던 인턴 선생님이 익숙하게 고개를 끄덕이셨다. 구미에서 아사히 투쟁은 꽤 많은 이에게 존재감이 있는 듯했다. 지역사회의 분위기에 놀라면서도 '하긴 9년인데, 그럴 만하지.'라는 생각도 들었다.

2024년 6월 29일 오후 4시, 슬쩍 봐도 5백 명은 되어 보이는 사람이 거리를 가득 채웠다. 이 공장에서 해고된 사람, 저 공장에서 불법파견당한 사람은 당연하고 교육 노동자,

호텔리어, 경리 노동자, 콜센터 노동자, 항공기 청소 노동자, 대리운전 노동자, 톨게이트 수납 노동자, 영화감독, 시인, 가수, 농부, 산재 유가족 등 별별 사람이 모였다. 지역도 서울, 울산, 대구, 구미, 강릉, 천안, 부산, 소성리 등 제각각이었다. 아사히의 연대 맥락을 빼고 본다면 전혀 이해할 수 없는 조합이었다. 그리고 이들은 다들 조금 들떠 보였다. 오랜만에 반가운 사람들을 만나서 들떴겠으나 그것만은 아니었다.

문화제 하루 전, 연기되었던 대법원 선고 날짜가 다시 잡혔다. 2024년 7월 11일, 2주도 남지 않았다. 다들 조심스러워 말은 못 꺼냈으나 모두 비슷한 생각을 하는 거 같았다. '아사히 투쟁… 이제 끝나는 건가? 정말?' 대법원 선고라고 하니, 이제 끝나나 싶으면서도 '내가 잘못 아는 걸까 봐' '설레발일까 봐' '혹시 아사히 동지들에게 이런 말을 하는 게 실례일까 봐' 다들 조심하고 있었다.

문화제 첫 공연은 서울 마포에 있는 '성미산 마을'의 전자음악단이었다. 빗속의 여인을 잊지 못한다는 노래 가사가 부슬부슬 오기 시작하는 비와 찰떡이었다. 시원하게 즐긴 후, 차헌호 동지가 무대 위로 올라왔다. "해고가 3288일입니다."라며 짧은 문장을 입 밖으로 내자, 공기가 바뀌었다. 얼마나 힘들었는지, 얼마나 길었는지 구구절절 말하지 않아도 알 수 있었다. 그리고 금세 "아마도 동지들과 아사히 앞에서 다 같이 하는 마지막 복직 문화제이지 않을까 싶습니다."라며 기쁜 소식을 전했다. 박수와 환호성 사이에서 아사히 조합원들은 "막 던지네!"라고 말했다. 미래는 누구도 확신할 수 없으니, 너무 들뜨지 않으려는 거 같아 보였다. 하지만 현장 분위기는 거의 승리 보고 대회였다. 이전에도 아사히 결의대회는 축제처럼 진행되면서도 비장함과 결의가 있었다. 그러나 올해만큼은 온전히 축제의 시간이었다.

연대 발언자 구성은 아사히가 어떤 노동조합인지 보여주고 있었다. 첫 발언자는 일본의 '도로치바' 동지들이었다. 아사히가 김천 도로공사 본사 앞에서 선전전을 하며 톨게이트지부에 연대했던 것처럼, 일본 동지들은 아사히 본사 앞에서 9년간 한국의 아사히글라스 해고자를 복직시키라고 투쟁하고 있었다. 국제 연대의 모범 사례라고 서로를 부르고 있었다.

다음 발언자는 '밥통'의 김주휘 동지였다. 언제나 투쟁 현장에 따뜻한 밥을 전달하며 "싸워 주셔서 감사합니다."라는 인사를 전하는 동지다. 그는 아사히 동지와 한 대화를 공유했다. "내가 결혼할 수 있을까요?"라고 묻더니, 다시 "해 봤자 뭐하겠나."라며 포기하고. 또 "애들이 예쁘던데."라더니 다시, "낳아 봤자 뭐하겠노, 나 닮았으면 꼴통이겠지."라며 혼자서 포기하는 걸 보았다고 했다. 발언을 듣던 사람들은 울다가, 중간중간 사투리 성대모사가 나올 땐 웃었다.

그다음은 옵티칼의 박정혜 수석부지회장이었다. 외국 투기자본의 '먹튀'에 맞서 174일째(2024년 6월 29일 기준) 공장 옥상에서 고공농성 중인 동지다. 전화로 연결된 발언이었다. 옵티칼 약식 집회를 하면 고공에서 사람들의 얼굴이 보인다며, 아사히 동지들이 지어 주는 미소가 '걱정하지 말아요. 우리 여기 있으니까. 우리가 여기 왔으니까.'라고 말하는 거 같다고 했다. 특히 눈이 자주 마주친 조남달 동지의 쾌유를 바란다고 했다.

마지막 연대 발언은 '비정규직 이제그만' 유흥희 집행위원장의 편지 낭독이었다. 아사히 투쟁에 대한 감사 인사를 전하면서도, "이제 투쟁 승리가 코앞입니다. 그러나 보일락 말락 할 때가 눈이 어두워질 때라는 말처럼, 마지막까지 투쟁의 고삐 단단히 틀어쥐십시오."라는 다소 현실감 넘치는 조언으로 마무리했다.

아사히글라스비정규직지회 조합원들이 대법원 판결 후 승리에 기뻐하고 있다. 사진 제공_이태성

    9주년 문화제의 마무리는 행진이었다. 아사히글라스 공장을 한 바퀴 도는 것도 아니고, 구미 시내를 한 바퀴 돌며 시민 선전전을 하는 것도 아니었다. 약 600미터 떨어진 '케이엠텍'으로 향하는 것이었다.

    21살 노동자가 케이엠텍 공장에서 핸드폰 부품을 만들다가 백혈병에 걸렸다. 머리카락은 다 빠지고 손톱도 제대로 자라지 않는다. 온몸에 이상이 생겨서, 혼자서 외출을 못 한다. 그러나 케이엠텍은 질병이 발생하자 그를 해고했고 4대 보험을 끊었다. 백혈병 발병은 부모의 유전자로부터 왔을 수도 있다고 말했다. 배상금, 재발 방지 대책, 진심 어린 사과는 없었다. 케이엠텍엔 노동조합이 없다. 그렇게 피해자는 조용히 자신의 질병을 감당해야 하는 상황이었다. 그러나 아사히글라스 노동조합이 나서 주었다. 그들은 매주 케이엠텍에서 피켓을 잡고 마이크를 들었다. 삼성의 1차 협력업체인 케이엠텍은 산재를 인정하고 배상과 재발 방지 대책을 내놓으라고 선전전을 하고 있다. 케이엠텍에 도착한 후, 피해자의 어머니가 솔직하고 담담하게 상황을 공유하시며 아사히의 복직을 바란다고 말했다. 우린 그 앞에서 소원천을 걸고 돌아왔다.

돌아오며 생각했다. '아사히에게 도움받지 않는 노동조합이 있을까?' 국민건강보험고객센터지부, 한국옵티칼하이테크지회처럼 직접적으로 연대받은 곳도 있다. 그러나 그보단, 아사히의 투쟁과 연대를 보고 배우는 곳이 많았을 것이다. 흔들릴 때 전화할 곳이 있었고 1년에 겨우 한 번 찾아가더라도 초심을 찾을 수 있는 곳이 있었다. 마음이 불안할 때 교회와 절을 찾듯, 아사히를 찾는다는 사람도 있다.

7월 11일, 대법원은 어떻게 판결할까? 궁금하다. 하지만 판결보다 더 궁금한 건 '판결 이후 아사히 동지들은 어떤 활동을 할까?'이다. 법의 판단은 동지들의 결정을 조금 도와줄

뿐이다. 결국 결정은 아사히 동지들이 한다. 공장에 들어가서 노동조합의 힘을 더 키울지, 지금처럼 전국을 다니며 투쟁하는 노동자에게 힘을 실어 줄지, 어쩌면 다시 과거로 돌아갈지, 이제는 가족들과 조용히 살지. 아사히 동지들의 9년이 일단락되면 노동운동의 지형이 다소 바뀔 것이다. 그 변화를 우린 지금 알 수 없다. 기대할 뿐이다.

문화제 후반에 아사히 동지들은 다 같이 무대에 올라 조금은 어색한 율동을 추었다. 그리고 오수일 수석부지회장이 말했다. "몰랐습니다. 제가 이렇게 변할지. 노동자로서, 노동조합으로서 이렇게 변할지 몰랐습니다." 아사히 동지들이 어떻게 변할지 알 수 없는 그 미래를 기대한다.

*덧붙임. 2024년 7월 11일 오전 11시, 직접고용, 불법파견 사건으로 소송을 낸 아사히글라스비정규직지회가 대법원에서 최종 승소했다. 사측은 곧장 법률대리인을 통해 출근 날짜 조율 의사를 밝혀 왔다. 차헌호 지회장은 "아사히 투쟁은 우리 모두가 함께 만든 승리다."라고 했다.

먹튀 펀드가 국민 밀폐용기에 저지른 일

손세호 | 민주노총 전국화학섬유식품산업노동조합 락앤락지회

'밀폐용기' '반찬통' 하면 떠오르는, 아니 대명사가 된 브랜드 '락앤락'.

2010년 30대에 다른 일에 도전하고자 락앤락이라는 회사에 들어왔습니다. 락앤락에 입사하기 전까지는 외국회사로 알았는데 대한민국의 자랑스러운 기업이었습니다.

2017년 락앤락이 중국(홍콩)계 사모펀드인 '어피너티 에쿼티 파트너스'에 인수되었습니다. 당시 언론과 락앤락은 전문경영인 체제 등을 통해서 락앤락의 성장을 위한 결정이라고 설명하였습니다. 저와 많은 락앤락의 직원들은 믿었습니다. 순진하게도….

사모펀드는 경영진과 임원진을 교체하고 이런 사업 저런 사업을 벌이며 상상도 못 할 돈을 써 갔습니다. 효율 운운하며 사옥을 준비하던 부지와 해외의 공장들을 매각해 갔습니다. 그러고는 주식 배당금으로 현금을 회수하기 시작하였습니다. 이 과정에서 노동자들의 고용불안을 가져오는 일들이 빈번하게 발생하였습니다. 락앤락 고급화 전략으로 오프라인 매장들을 만들어 직원들을 채용해 놓고는 일순간에 모든 매장의 폐업을 결정하고 노동자들에게 권고사직을 통보하였습니다. 노동자들의 임금, 승진 등도 거의 제자리걸음에 멈춰 섰습니다.

저 또한 그랬습니다. 쌓여 가는 불만과 동료들의 고용위기를 보며 내가 생각했던 락앤락이 아닌 모습들에 결국 마음속으로 퇴사를 결심하게 되었습니다. 그렇게 퇴사를 준비하던 어느 날, 여러 선후배 동료들의 하소연을 듣던 중 무언가 띵 하고 생각이 떠올랐습니다. '나는 어차피 이제 락앤락에 미련이 없는데, 그럼 내 동료 선후배들을 위해 무언가를 해 줘야겠다.' 그렇게 결심을 하고 드디어 락앤락 역사 처음의 노동조합을 설립하게 되었습니다.

우여곡절이 많았지만 믿어 주는 조합원들, 함께하는 운

영진들 그리고 노동조합의 설립부터 현재까지 너무나도 큰 도움을 주고 있는 전국화학섬유식품산업노동조합으로 락앤락지회는 안정화를 찾고 또 많은 성과를 낼 수 있었습니다.

락앤락에는 수백 명의 생산 및 물류 현장직 노동자들이 있었습니다. 이분들은 대체로 생애전환기가 지났음에도 이동 버스로 하는 간단한 건강검진만을 받고 있었습니다. 너무 안타까웠습니다. 이에 단체협약으로 락앤락에서 일하는 모든 직원은 생애전환기가 지나면 50만 원 상당의 종합건강검진을 받을 수 있도록 합의해 냈습니다. 이후에 여러 조합원들에게 종합건강검진으로 큰 병을 미리 발견하고 치료하게 되었다는 말을 들으며 벅찬 감동을 느낄 수 있었습니다.

2021년 아산공장 매각이 진행되며 조합원들이 권고사직의 위기에 놓이자 회사와 협상 끝에 해고 없이 전원을 안성공장에서 일할 수 있도록 합의해 냈고 많은 조합원들에게 감사의 인사를 들었을 때, 왜 노동조합을 설립했는지 다시금 알 수 있었습니다. 또한 수년째 정체되었던 임금도 역대급 인상률로 합의를 해내고 임금체불도 받아 내며 목표한 것들을 하나씩 이루어 내고 있었습니다.

하지만 락앤락 노동조합의 순탄한 여정은 딱 여기까지

였습니다. 2023년 락앤락의 경영진이 대거 교체되며 분위기는 급격하게 변하였습니다. 노동조합 탄압 경력이 있는 이들과 대형 법률사무소 출신의 변호사, 노무사들이 락앤락 이사회로 또 경영진으로 들어왔습니다. 그리고 노동자들과 상생이 아닌 철저히 짓밟는 정책을 펼쳐 갔습니다. 2023년 3월에 적용되었어야 했던 임금인상은 지금까지도 합의가 되지 않고 있습니다. 최초에 맺은 단체협약의 갱신이 2023년이었으나 이 또한 락앤락 경영진이 전면 개악을 요구하며 아직까지도 합의에 이르지 못하고 있습니다.

2023년 11월 6일, 락앤락은 국내 유일하게 남은 생산 및 물류센터인 안성사업장을 외주화하겠다고 일방 통보를 하였습니다. 그리고 강압적으로 희망퇴직을 진행하였고 희망퇴직을 신청하지 않은 31명의 조합원을 경영상 이유라며 2024년 1월 31일 해고하였습니다. 베트남, 중국 생산센터들도 마찬가지였습니다.

하지만 조합원들은 굴하지 않았습니다. 2023년 11월 일방적인 외주화를 통보받은 그날부터 현재까지 조합원들과 투쟁을 이어 가고 있습니다. 너무나도 추운 날씨에 앰프와 노트북마저 얼어 작동되지 않는 한파 속에서 외주화 반대를

폭염 속 오체투지를 하는 손세호 지회장(맨 앞)과 지회 조합원 및 수도권지부 조합원들. 사진 제공_락앤락지회

외쳤습니다. 국회에 쫓아가 기자회견도 하며 우리의 부당함을 알리기 위한 투쟁을 이어 갔습니다. 타들어 갈 것 같은 불볕더위의 날씨에서도 오체투지를 했습니다. 너무 힘들었습니다. 이런 투쟁을 지속적으로 이어 가고 있는 우리 조합원들을 보며, 현장으로 돌아가지 못하고 있는 상황이 너무나도 힘들었습니다.

그런 우리를 잡아 준 것은 바로 연대의 힘이었습니다. 전국화학섬유식품산업노동조합의 많은 지회에서 함께 싸워 줬고, 민주노총의 많은 노동조합들이 힘을 주었고, 또 많은 시민사회단체와 더불어민주당 이동주 전 의원님과 권영국 대표님을 비롯한 정의당의 많은 분들께서 연대로 지켜 주셨습니다. 특히나 올해 3월과 6월에 민주노총 서울본부가 주관하여 서울 시내에서 벌어지고 있는 투쟁 현장을 순회하며 함께 싸운 '너에게로 가는 길'은 연대가 무엇이고 어떤 의미인지를 더욱 크게 느끼게 해 주는 계기가 되었습니다. 이처럼 연대의 힘으로 지난 4월 26일 경기지방노동위원회로부터 부당해고 심판 결과를 받았습니다. 하지만 락앤락 사측은 재심을 요구하고 있습니다.

락앤락은 대한민국을 대표하는 기업이었습니다. 기술력과 품질로 대한민국을 넘어 글로벌로 사랑받는 기업이었습니다. 이는 대한민국의 노동자들이 피땀 흘려 만든 성과였습니다. 하지만 지금의 락앤락엔 대한민국의 노동자들이 설 자리조차 없어지고 있습니다. 자체 생산할 기반조차 대부분 사라졌습니다. 기술력과 품질로 사랑을 받던 대한민국의 기업이 대한민국의 노동자들이 해외 투기자본으로부터 사라질 위기에 놓인 슬픈 현실입니다.

대한민국 곳곳에는 락앤락처럼 외자(외국자본), 외투(외국인 투자 기업)로 인하여 고통받고 있는 노동자들이 너무나도 많습니다. 기업이 없어지고 노동자들이 생계 위협을 받는 대한민국에는 하나의 이득도 없습니다. 그럼에도 대한민국 정부는 노동자들을, 국민들을 외면하고 있습니다. 오히려 외자, 외투 먹튀 기업이 잘 도망가도록 정부 기관들과 자본들과 법률가들이 돕기까지 하고 있습니다.

현재 민주노총 경기본부를 선두로 외자, 외투로부터 우리 기업과 노동자를 지키기 위한 행동이 시작되었습니다. 지난 6월 27일 경기도의회에서 토론회를 하였고 국회 토론회도 앞두고 있습니다. 사업장과 노동자에게 외자, 외투로 인한 피해가 반복되지 않도록 입법 등 다양한 투쟁을 할 것이고 락앤락지회와 조합원들이 앞서서 함께할 것입니다. 우리 조합원들이 지치지 않도록 많은 관심과 응원 부탁드립니다.

성폭력·성추행·성희롱 OUT!
약소국 노동자 무시·폭력은 파쇼

억울하고 답답한 일이 생겼을 때 노동자는 문제를 어떻게 풀어야 하나? 학교 성폭력, 요양보호사에 대한 폭력, 고졸 여성 신입직원에게 어항 관리를 시키는 기관장의 갑질 횡포…. 노동조합은 든든한 지원군이 될 수 있을까?

노동현장의 가장 힘들고 더럽고 위험한 곳에 이주노동자가 있다. 이주노동 없이 한국경제는 굴러갈 수 없는 세상이 되었다. 그런데도 이주노동자에 대한 차별과 열악한 작업환경, 처우는 형편이 말이 아니다. 소부즈와 짠나의 목소리를 통해 이주노동의 현주소를 살펴보고, 하나로 연결된 노동자의 힘을 다져 본다.

5

연결된 우리,

하나된 노동

내 일은 어항 관리였어요

조화영 | 제3회 작은책 생활글 공모전 최우수상

나는 상업고등학교 졸업 후 공공기관 고졸 특별 채용으로 근무 중인 25살 여직원이다.

벌써 입사한 지도 약 5년이 지났다. 이 이야기는 내가 처음 2년간 견딜 수 없이 힘들었지만, 결과적으로 어느 한 팀장의 도움으로 힘들고 어려웠던 시간을 극복하여 지금은 행복한 직장 생활을 할 수 있게 된 이야기이다.

5년 전 나는 청년 취업이 정말 어려웠던 시대에 운이 좋아 19살 나이로 공공기관 취업에 성공했다. 사랑하는 부모님과 주위 친구들에게 많은 축하와 부러움을 받았고, 나 또한 뿌듯함과 기쁨을 감출 수 없었다. 그러나 직장은 내가 생각한 것과 달리 그렇게 호락호락한 곳이 아니었다. 직급 체계에 따른 상명하복, 선후배 간의 뒷담화 등 누구 하나 도와주는 사람이 없는 살벌한 개인주의 현장이었다.

처음 마주한 부장은 내가 여상 출신이라서 회계에 대하여 잘 알 것이라고 생각을 했는지, 경험이 전혀 없는 나에게 약 350명의 급여를 담당하는 업무를 주었다. 그리고 문제의 기관장 비서 업무도 주었다. 운이 좋게 구한 직장인 만큼 열심히 최선을 다하려 노력했다. 홀로 남아 내 본연의 급여 업무를 밤 10시 넘어서까지 해내는 건 내 일이니 참고 해낼 만했고, 정확한 날짜에 직원들에게 급여가 나가는 날에는 내심 뿌듯하기도 하였다. 그러나 기관장의 특별한 취미를 돌보는 일은, 내가 이런 일까지 하면서 이 직장을 다녀야 하나 싶을 정도로 자괴감을 느끼기 충분했다.

어느 날 기관장은 갑자기 물고기(구피)와 어항을 구해 왔다. 집에서 기르면 될 물고기를 회사 사무실로 가져왔는지 도무지 이해가 되지 않았지만, 흘려 넘겼다. 기관장은 구피를 정성을 들여 기르기 시작했다. 구피들이 얼마나 활발한지 어느새 어항이 꽉 찰 정도로 가족이 늘어나 있었다. 1개였던 어항이 4개로 늘어났다. 기관장은 구피 돌보는 데 싫

증이 나고 힘들었는지 그 일을 하나둘씩 서서히 나에게 시키기 시작했다. 결국 구피 관리가 나의 주된 업무 중 하나를 차지하게 된 것이다.

처음엔 구피들이 귀여웠다. 하지만 관리하는 것이 내 일로 주어진 후 더 이상 귀엽게 보이지 않았다. 나의 일은 매주 월요일 아침 어항 물 갈아 주기였다. 일주일 동안 구피의 배설물과 남겨진 먹이들로 어항 물은 탁하게 더러워진다. 그 더러워진 물을 갈아 주는 것이 나의 업무 중 하나였다. 즉, 구피들의 쾌적한 어항 생활과 번식을 위한 청소와 먹이 주기가 업무였던 것이다.

기관장은 내게 어항 관리를 더욱더 철저히 시키고자 했는지 물고기용 뜰채까지 사 왔다. 구피가 다치지 않게 물을 갈아 주고 청소를 깨끗이 하려면 구피부터 전부 뜰채로 건져 내야 하기 때문이다. 그런데 작은 새끼 구피들은 뜰채로 잡히지도 않았다. 하루가 쏜살같이 지나간다. 다른 할 일도 많은데, 조바심이 나고 화가 났지만 참고 극복해야만 했다. 물을 갈다 보면 뜰채로 건지지 못한 작은 새끼 구피들이 불쌍하게도 하수구로 흘러 들어간다. 구피의 처지와 내 처지가 같게 느껴져서 마음이 아팠다. '주인을 잘못 만나서 너나

나나 버려지는 인생이구나.' 낮에는 구피 어항 관리 업무, 밤에는 홀로 직원 급여 관리 업무를 적응하면서 참고 묵묵히 해냈다. 나에게는 그만둘 수 없는 천금 같은 첫 직장이었기 때문에 눈물이 나와도 이대로 포기할 수는 없었다.

어항 1개의 무게는 대략 50킬로그램이 넘었다. 총 200킬로그램. 여자인 내가 혼자 들어 물을 갈기에는 너무 버거웠다. 선배들은 누구 하나 적극 도와주려 하지 않았고 관망했다. 분명히 부당한 기관장의 사적인 업무 지시였다는 것을 부장, 팀장, 과장 등 같은 부서 선배들은 알고 있었을 것이다. 그러나 '이것이 지극히 개인주의적인 직장 모습인가?' 하며 혼자 참고 견뎌 내야만 했다. 사회 초년생 20살이었던 나는 어디 가서 하소연할 동료도 후배도 없었다. 친구들은 대부분 대학에 진학하여 직장인인 나를 이해 못 하는 눈치였다. 너무 외로웠다.

하루는 급여 업무로 밤을 새우고 다음 날 아침 어항 청소를 끝내고 싱크대에서 찻잔 설거지(기관장실에는 손님들이 자주 찾아오는데 이에 대한 차 대접 또한 나의 업무였다)를 하다 나도 모르게 그만 눈물이 펑펑 쏟아졌다. 눈물은 멈추지 않고 하염없이 내 볼을 타고 흘러내렸다. 너무 처량하고 서글펐다.

그런데 그 모습을 부장이 보게 되었다. 부장실에서 면담을 진행하였다.

부장이 왜 울었냐고 말해 보라고 다그쳤다. 머뭇거리다가 나는 "직원들 급여 업무는 숫자 하나 잘못되면 돈으로 직결되어 매우 집중이 필요한 중요한 업무이며, 특히 처음 해 보는 저에게는 시간이 많이 걸리는 어려운 업무입니다. 그런데 일과 시간 중에는 기관장의 어항 관리 등 개인적인 일을 해야 하고 밤에는 홀로 남아 급여 작업을 하는 것이 너무 지치고 힘듭니다."라고 죽어 들어가는 우는 목소리로 어필하였다.

'조금이라도 내 마음을 헤아려 주시겠지?' 하고 예상한 것이 보기 좋게 빗나갔다. 부장은 그럼 누가 하냐고, 본인 업무인데 스스로 해내야지 하며 나를 오히려 닦달했다. 덧붙여 휴가를 갈 때는 업무 대체자를 제대로 지정해 두고 가라며 나에게 윽박질렀다. 휴가 업무 대체자는 관리자인 부장이나 회사에서 구해 주어야 하는 것이 아닌가? 어이없는 부장의 발언과 대응에 내 눈물은 쏙 들어가고 말았다. 기관장보다 더한 사람이었다. 난 누구에게 기대야 하나 서글펐지만, 훗날 괜찮아질 날을 기다리며 2년을 힘겹게 참아 내고 드디어 다른 부서와 업무로 이동하게 되었다.

기관장에 대해 부연 설명하자면, 기관장은 어항 관리뿐만 아니라 어머니 병원 모셔다 드리기, 집에 모셔다 드리기, 회사로 도착한 택배(물) 집으로 옮기기 등 사적인 업무를 거리낌 없이 시키는 사람이었다. 사회적으로 직장 내 괴롭힘이 이슈화되었는데도 말이다. 당시 나는 경험 없는 어린 사회 초년생이었다. 아무것도 모른 채 억울함과 부당함을 느끼면서도 시키는 일을 참고 견디며 하는 것 외에는 더 이상 할 수 있는 것이 없었다.

2년의 시간이 지나 부서가 바뀌었고 비서 및 급여 업무에서 벗어나게 되었다. 참고 견디니 해방의 날이 찾아온 것이다. 나를 다그쳤던 부장, 관망했던 팀장도 바뀌었다. 그러나 기관장은 그대로였다. 새로운 환경에 설레기도 하였지만, 또다시 같은 일을 겪지 않을까 걱정도 되었다.

그런데 새롭게 부임한 팀장은 내가 겪어 보지 못한 사람이었다. 부서 분위기를 화기애애하게 만드는, 유쾌하며 자유분방한 사람이었다. 특히 민주적이었고 윗사람 눈치를 보지 않고 직원들 입장에서 생각하고 말하는 사람이었다. 노동조합 간부 출신이었다던데, 그래서 그런가 싶었다.

어느 날 부서 회식이었다. 새로 부임한 팀장하고 나란히 앉아 술을 마시게 되었다. 즐거운 대화가 오가며 너무나 기분이 좋은 시간이어서 나도 모르게 취해 버렸다. 지금 웃고 있는 내 모습에 어색했는지 힘들었던 과거의 일들이 갑자기 떠올라 우울해지며 나도 모르게 눈물이 터져 나왔다. 팀장이 이유를 물었다. 내가 겪었던 일들을 세세히 감정을 담아 이야기했다. 팀장은 지금 세상이 어떤 세상인데 그런 고통을 겪었냐며 분노했고 어이없어 했다. 내가 아는 바는 여기까지이다.

때는 기관장 연임 심사 기간이었다. 거의 연임이 확정되어 3년을 더 근무한다고, 발령만 남은 상태였다고 들었다. 과거는 잊고 대수롭지 않게 받아들였다. 새로 맡은 업무 특성상 기관장 얼굴을 가까이서 자주 보는 일은 없으니깐! 그런데 이상한 일이 벌어졌다. 노동조합에서 회사 게시판에 기관장 연임 관련 대자보를 붙인 것이다. '직장 내 괴롭힘을 자행하고 직원에게 사적인 업무를 지시하는 기관장 연임을 결사 반대 한다'고. 내가 팀장에게 회식 때 이야기했던 부분들이 상당히 묻어 나온 대자보였다. 난 부끄러웠지만, 한편으로는 내가 겪었던 힘든 일들이 공론화된 것이 시원하면서 다음에 다른 사람이 겪지 않아도 된다는 안도감도 함께 느껴졌다. '팀장이 손을 쓴 건가?' 싶었지만 묻지는 않았다. 팀장도 대수롭지 않게 무관심한 분위기였다. 결국 기관장은 노동조합 연임 반대에 부딪혀 사표를 쓰고 회사를 그만두게 되었다. 기관장은 더 이상 내 인생에 영향을 끼칠 수 없는 사람이 되었다.

내가 겪었던 어렵고 고통스러웠던 시간들이 주마등처럼 머릿속을 스쳐 지나갔다. 노동조합에 마음속으로 고마웠고 의지할 수 있게 되었다. 특히 노동조합에 대해 전혀 관심이 없었는데 이 일을 계기로 노동조합의 존재 이유와 직장에서 없어서는 안 될 조직이라는 것을 깨달았다.

나를 괴롭혔던 기관장이 그렇게 그만두고 나가게 되는 모습을 보는 기분은 썩 좋지만은 않았다. 보기 싫고 없어져도 좋을 사람이었는데, 왜 이런 마음이 들었는지 나는 지금도 알 수가 없다.

아무튼 현재 나는 힘들었던 지난 일들은 잊고 나를 위해 분노했던 그 팀장과 함께 3년을 넘게 즐겁게 직장 생활을 하는 중이다. 출근하고 싶은 행복한 직장 생활을 느끼게 해준 팀장님 그리고 우리 노동조합에게 감사의 말을 전하고 싶다. 그리고 나와 같은 상황을 겪고 있는 사람들에게 전하고 싶다. '힘든 일이 있으면 반드시 좋은 일도 찾아오기 때문에 포기하지 말라'고.

오렌지꽃은 바람에 날리고

박애리 | 제2회 작은책 생활글 공모전 최우수상

　지금 이 순간에도 세상 어디에선가 차별과 폭력으로 고통받는 여성과 아이들을 생각하며 용기를 내어 이 글을 쓴다.

　나는 가정폭력 피해자이자 생존자다. 죽음의 문턱에 이르러서야 더 이상 실낱같은 희망이 부질없다는 것을 깨달았다. 남편 옆에서 하루라도 더 버티며 믿음을 확인하고자 했지만 남편은 점점 더 악마의 얼굴로 변해 가고 있었다. 남편은 환청이나 환각을 보는 것 같았다. 밤낮으로 남편에게 시달렸지만 하지 않은 일을 했다고 할 수는 없었다. 어렸을 적에 한동네에 살던 아주머니가 남편의 의처증으로 괴롭힘을 당하는 것을 본 적이 있다. 내가 그 아주머니와 같은 처지에 놓이게 될 줄을 꿈엔들 생각했을까? 애써 부정하고 싶지만 나에게 일어나고 있는 일들은 어김없는 현실이다.

남편의 첫 폭행은 자동차 안에서 이루어졌다. 우리가 탄 차는 도로 위를 달리고 있었는데, 들어 본 적도 없는 사람의 이름을 갑자기 들이대며 그가 누구냐고 물었다. 나는 당연히 모르는 사람이라고 말했다. 같은 질문을 한 번 더 하고는 느닷없이 손등으로 내 얼굴을 후려쳤다. 그 충격으로 내 안경은 뒷좌석으로 날아갔고 몇 초간 앞이 보이지 않았다. 그 다음엔 주먹으로 사정없이 머리와 얼굴을 수십 차례 내리쳤다. 나는 비명을 지르지도 못했다. 소리가 나오지 않았다.

남편은 거의 실신 상태에 있던 나를 끌고 어디론가 향했는데 물이 흐르는 소리가 들렸다. 강변이나 바닷가에 갔던 것 같다. 남편은 나에게 오늘 죽는다고 말했다. 나는 모든 것이 끝났다고 생각하면서도 하느님께 기도했다. 이렇게 허무하게 죽고 싶지 않다고, 살아서 집으로 돌아가 아이들을 보게 해 달라고 멈추지 않고 기도했다. 남편이 무슨 말을 하든 대꾸하지 않고 숨을 죽이고 있었다. 그러기를 한 시간 정도 흘렀을까? 남편은 무슨 생각에서였는지 차를 돌려 다시 어디론가 움직이기 시작했다. 도로표지판이 잘 보이지 않았지만, 우리가 살고 있던 대전 방향인 듯했다. 오늘 나는 살 수 있을지도 모른다. 천국에 계신 부모님이, 나의 하느님이 내 목소리를 들으신 것인가!

남편은, 나를 살려 두는 것은 아직은 아이들에게 엄마가 필요하기 때문이라고 말했다. 그런 일이 있은 후 며칠은 잠잠했지만 남편의 나를 향한 괴롭힘은 계속되었다. '바람난 여자가 상대편 남자를 정리하는 방법'이라는 역겨운 비디오를 강제로 반복해서 시청하게 하는가 하면, 내 휴대폰으로 어떤 사람을 검색한 후, 이게 바로 내가 외간 남자를 만난다는 증거라며 그 사람과 언제 연락했는지를 추궁했다.

새벽에, 자고 있던 나를 흔들어 깨워서는 사실대로 말하면 모든 걸 용서하겠다고 말했다가 바로 말을 바꾸어서 나와 상상 속의 그 남자를 차로 밀어 버리겠다고 협박하기를 반복했다. 남편이 내 얼굴을 벽에 밀어붙이며 바른대로 말하라고 소리 지를 때마다 아이들을 떠올리며 반드시 살아남을 것이라는 생각만 했다. 내 인생을 나의 의지가 아닌 남의 뜻으로 사는 것이 말이 되는가! 이제, 남편이 예전의 건강한 사람으로 돌아오기를 기다리는 일은 더 이상 아무런 의미가 없었다. 병원으로 가서 진찰받기를 권유했다가, 그때도 거의 죽을 뻔했다.

  남편이 지방으로 출장 갔던 어느 날, 경찰서에 전화를 했다. 그리고 '한국 여성의 전화'를 통해 '가정폭력 피해자를 위한 쉼터'에 일 년 동안 머무른 후, 지금은 주거시설로 옮겨서 지내고 있다. 그동안 많은 일들이 있었다. 학부 과정 3학년에 편입해 마지막 학기를 다니면서 사회복지사 일급 자격증을 준비하고 있고, 소송 끝에 남편과 이혼도 되었다. 이혼의 조건은, 내가 이혼과 관련된 어떤 명목의 금전적인 요구도 하지 않을 것임을 서약하는 것이었다. 이혼만 된다면 무슨 조건이든 들어주리라고 마음먹은 터였다. 나는 빈털터리가 되었다. 그러나 변호사로부터 남편이 이혼에 동의했다는 전화를 받은 순간부터 내 인생은 그동안 잃었던 행복과 평화와 자유를 다시 찾았다.

  한 번에 한 가지씩, 잊고 살았던 희미한 기억 속의 행복했던 순간들을 떠올렸다. 나에게도 이런 행운이 올 줄은 몰랐다. 영화 〈사운드 오브 뮤직〉 중 마리아와 트랩 대령이 서로의 사랑을 확인하는 장면에서 마리아가 했던 말이 생각난다. "So somewhere in my youth or childhood, I must have done something good."

나도 어렸을 적 언젠가 좋은 일을 한 번쯤은 했음이 분명하다. 혹은 전생이 있다면, 그때에 무언가 탁월하고 남다른 선택을 했을 수도 있다. 아무것도 하지 않았다면 이토록 어마어마한 행운이 나에게 왔을 리 없잖은가! 나는 죽음의 문턱에서 살아남았다.

어린 시절, 부모님으로부터 끝없이 받았던 '사랑'의 힘이 있어, 결혼 생활 동안의 모진 생활고와 고독을 유머로 덮을 수 있었고 아이들과 아름답고 풍요로운 시간을 보낼 수 있었다. 대학 시절은 또 어떠했던가! 말 그대로 눈부시게 찬란한 나날이었다. 무장한 전투경찰과 최루탄의 매캐한 냄새가 연일 눈과 코를 자극하는 전쟁 같은 하루하루를 보내면서도, 우주의 모든 것을 사랑할 수 있을 만큼 나와 친구들의 마음은 세상을 향해 열려 있었다. 그 당시, 미술대학에 다니던 친구를 만나기 위해 미술관 뒤편 잔디밭에서 기다리곤 했는데, 교정의 스피커에서 자주 들려오던 '피에트로 마스카니'의 오페라 〈카발레리아 루스티카나〉 중 합창곡이 또한 생각난다. 어둡고 긴 터널 속을 끝없이 달려가고 있는 것 같은 당시의 시대적 상황과는 대조적으로, 평온하고 한가로운 시골 마을의 정취가 느껴지는 곡이다. 그 이후에도, 나의 마음속 한편에 '오렌지꽃이 바람에 날리는 풍경'이 이상향처럼 자리 잡았다. 살면서 힘들고 어려운 상황을 겪을 때마다 버스 안에서, 거리를 걸으며 이 자유롭고 유쾌한 상상이 마음에 위안을 주었다.

쉼터에서의 생활이 내 인생의 반환점이라면, 그 반환점을 돌아온 지도 꽤 여러 날이 지났다. 나는 지금 완벽하게 혼자 살고 있지만 그 어느 때보다 바쁘고 부지런하게 하루를 보낸다. 나는 드디어 내 인생의 주인공이 되었다. 원하지 않는 배역을 맡은 연극 말고 진짜 주인공이다. 세상의 모든 사람들이 나를 비난하는 일이 있더라도, 내가 어떤 사람인지 잘 아는 두 아이들이 믿어 주니 나는 언제나 당당하고 외롭지 않다. 인생의 황혼기에, 다시 달리기를 시작하는 마라톤 선수가 되었지만 나의 새로운 선택에 만족한다.

한 달 전에, 내가 거주하는 지역자활센터의 도움으로 복지관 프로그램 보조자로서 직장생활을 시작했다. 담당 사회복지사를 도와서 프로그램을 계획하고 진행하며, 매일 여러 어르신들을 만난다. 벗이 되기도 하고 때로는 상담자의 역할을 하기도 한다. 삶의 여정에서 인연이 되어 기꺼이 멘토가 되어 준 나의 친구들이 생각난다. 초라하고 보잘것없는 내가, 그들을 만나 귀하고 소중한 존재가 된 것처럼, 지금 이 순간 만나고 있는 어르신들을 통해 예전에 깨닫지 못했던 또 다른 모습의 나를 발견한다.

"언제 어디서 무엇이 되어 우리 다시 만날까?" 내가 인생에서 가장 행복했을 때 친구들과 함께 외치던 말이다. 지금은, 당시의 내가 상상도 못 했던 일을 하지만 가장 중요한 한 가지는 혼자서는 여기까지 올 수 없었다는 것이다. 저물어 가는 인생의 한가운데에서 지나간 삶의 저편을 뒤돌아봐도, 함께하는 벗들이 있어, 이 저녁이 여전히 흥겹고 사랑스럽다. 기쁜 우리 젊은 날은 찬란했고, 그때를 추억하며 축배를 들 수 있는 오늘에 감사한다.

요양보호사의 인권은 없나

이은복 | 요양보호사

저는 시립중계노인전문요양원에서 근무하는 6년 차 요양보호사입니다.

시설에 입사하여 처음으로 치매환자들의 용변 치우는 모습에 놀라 갈등 속에 한 달을 보냈습니다만, 점점 익숙해지기 시작하여 지금까지 온 것 같습니다. 지금은 어르신의 배설물을 치우는 것보다 이 직업에 회의를 느끼게 하는 일들이 바로 요양보호 대상자들로부터의 폭언과 욕설, 폭행, 성추행 등입니다. 지난 (2023년) 8월 8일 근무하던 남자 어르신 생활실에서 식사 시간에 맞춰 2인 1조로 어르신을 침상으로 올리고 있을 때였습니다. 어르신 손이 제 오른쪽 가슴을 순식간에 폭행했습니다. 워낙에 난폭한 어르신이라 조심한다고 긴장했건만 너무나 순식간이었고 제 뒤에 있는 벽에 막혀 피할 수도 없었습니다.

6년 동안 케어하며 여자 어르신들이 우리 요양보호사를 숱하게 꼬집고 할퀴고 얼굴에 침을 뱉어도 하소연할 데도 없었습니다. 우리에게 돌아오는 소리는 "멀쩡한 정신도 아니고 치매환잔데 스스로가 조심했어야지 어떡하냐."라는, 오히려 실력 부족이란 질책을 받는 그런 대답이었기에 어르신들이 때려도 침 뱉어도 욕하고 막말해도 참아야만 했습니다. 그러나 남자 어르신께 민감한 부분을 맞고 나니 주체할 수 없이 화가 치솟고 가슴이 두근거리며 그대로 주저앉아 거친 숨을 몰아쉬게 되었습니다.

어르신을 케어하다 멍이라도 들면 CCTV 보며 노인 학대가 있었는지 케어를 잘못했는지 근무자의 목줄을 죄면서, 정작 근무자가 다치면 오히려 실력 부족이라니! 평소 난폭한 이 남자 어르신께 여러 근무자들이 다쳤지만 어떠한 보상도 어떠한 조치도 없었기에 상급자를 찾아가 "이 어르신 케어하려면 네다섯 명이 힘을 써야 하는데 자칫 멍이 들 수 있으니 근무자들에게 책임 묻지 마라."고 했었고 기관이 책임진다 했었는데 제가 맞게 되었습니다.

좀 민감한 부분이라 여성 의사가 있는 곳을 찾았습니다. 의사는 저의 통증 부위와 통증 강도 등을 듣고는 4주의 치료와 안정을 취하라는 진단을 내렸습니다. 하지만 기관에선 1차 병원의 진단서로는 안 된다며, 3차 병원 진단서를 가져오라 했습니다. 요양원 근처에 3차 병원인 백병원, 을지병원이 있었으나 당장 예약 자체가 안 되었고 병원 측에서 CT 검사는 내년에나 된다고 하여 그 말을 전하니 하루 종일 대기해서라도 진료 소견서를 가져오란 억지를 부렸습니다. 다행히 3차 병원 정신의학과에서 예약 취소된 시간에 진료를 받게 되어 상담 진료를 받았고 진단서를 첨부했습니다. 하지만 기관은 '앞으로 지켜봐야 한다는 의사 소견으론 병가 또는 공상 처리해 줄 수 없다.'며 저의 사례가 본보기가 될까 전전긍긍하는 모습이었습니다.

저는 그 남자 어르신을 치매 전담 병동이 있는 요양원으로 전원 조치해 달라고 했지만, 기관은 보호자에게 딱한 사정이 있어 안 된다며 보호자의 동의하에 안정제를 투여하겠다고 했습니다. 기관은 '남자 어르신 동엔 근무 배제시키고 치료비는 두 달 지급하겠다.' 했지만 아프면 쉴 권리, 다치

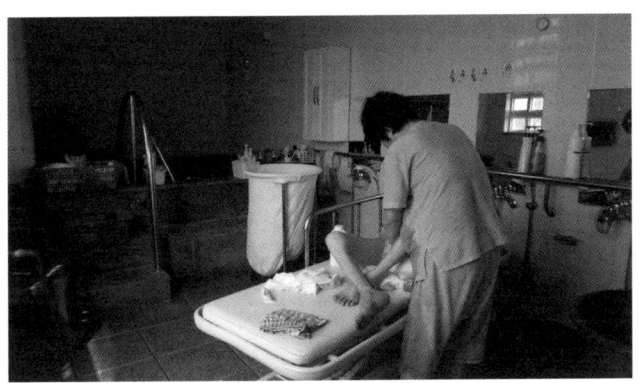

환자 목욕을 시키고 있는 요양보호사. 사진_정인열

면 치료받고 쉴 권리는 어디에서 찾을지, 마음이 다치면 어디에 하소연해야 할지요? 지금도 저는 3차 병원 정신의학과에서 진료를 받고 있으며 아직까지도 남자 어르신 쪽을 보면 심장이 두근거리고 두려운 마음이 듭니다. 저는 키가 작아 남자 어르신들이 얕잡아 보고는 "야, 쬐끄만 것, 이리 와서 누워라." 하거나, 기저귀 케어 시 엉덩이를 만지고 목욕 케어 시 남자 중요 부위를 계속 닦아 달란 요구를 하는 등 남자 어르신 케어는 매우 부담이 갑니다.

어르신들은 병약하고 피부도 얇아 멍이 잘 듭니다. 뭐든 노인 학대와 연관시켜 오히려 적극적인 케어를 꺼리게 되었습니다. 무거운 어르신이 휠체어에 타고 내리는 것을 케어하다가 허리에서 뚝 하는 소리가 나서 주저앉아 못 일어나기도 합니다. 2년 미만 신입은 병가 쓰면 무기계약직이 되기 어려워진다고 하여, 병원에 가서 물리치료 받고 침 맞고 하는 것이 우리네 일상이 되었습니다. 앉았다 일어날 때도 "아고, 아고." 신음 소리가 나는 50~60대 요양보호사들이다 보니 안 그래도 노화가 오는데 이 일이 더 빠른 노화를 부추기는 건 아닌지…. 요양보호사치고 어깨, 팔, 팔꿈치, 손가락, 허리, 무릎, 발바닥 등 안 아픈 곳이 드문데 거기다 맞기까지 해야겠습니까? 치매환자 어르신들은 우리가 어르신들 팔을 잡고 이럴 때 당신들을 공격한다고 생각합니다. 우리는 반팔 입고 일을 하는데, 날마다 팔을 할퀴고 꼬집힙니다. 그런데 거기에 대한 조치는 아무것도 없어요. 그게 가장 힘듭니다.

노인 학대의 범위만 넓히지 말고 요양보호사의 인권도 넓게 생각해 주십시오. 그래야 노인 학대를 줄일 것이고 요양보호사 인력난의 고충도 해결될 것입니다.

학생들이 기댈 수 있는 든든한 언덕이 되고 싶었을 뿐인데

지혜복 | 민주노총 전국교직원노동조합 서울지부

　얘기하던 학생들 눈빛을 잊을 수가 없습니다. 성희롱과 성추행당했던 일을 처음 털어놓은 날입니다. 눈에 희망을 가득 담고 늦은 시간까지 쉴 새 없이 말을 쏟아 냈습니다. 피해는 2년 동안 지속적이고 반복적으로 이루어졌습니다. 긴 시간 고통을 겪고도 해결 방안을 찾을 수가 없어서 체념한 채 지냈다고 합니다.

　그날은 학생들이 이제는 해결 방법을 찾을 수 있겠다며 기대감에 부풀었고, 오래 묵어 온 문제를 해결할 수 있는 시작이었습니다. 그러나 이후 학교 안에서 그 사안은 제대로 해결되지 못했고 지금은 가장 우려했던 최악의 상황에 학생들이 놓여 있습니다.

작년 6월, 피해 학생들 신고가 접수된 후 오히려 학교 내 조사 과정에서 피해 학생들의 신원이 유출되고 공개적으로 피해 학생들을 생활지도부로 여러 차례 부르는 일이 있었습니다. 학교폭력 조사 담당자가 수업 중인 피해 학생들을 찾아가 생활지도부로 오라고 한 일을 비롯하여 심각한 인권침해 상황으로 몰고 갔습니다. 신원이 유출된 후 가해자 중심으로 온라인, 오프라인 2차 가해도 매우 심각하게 발생했습니다. 용기를 내어 신고한 학생들의 초롱초롱하게 빛나던 눈빛이 점점 두려움에 떨며 빛을 잃고 더 이상 목소리를 내지 못하는 상태가 되었습니다.

신고한 사안은 학교 관리자, 학교폭력 조사 담당자에 의해 대부분 축소되고 은폐되었습니다. 도저히 침묵할 수가 없어 서울시교육청에 민원을 제기하였습니다. 시교육청에서 이관된 사안에 대해 중부지원교육청에서는 처음엔 매우 심각한 상황이라고 판단하며 학교 대상 특별장학을 실시하고 감사, 징계까지 하겠다고 하더니 학생, 학부모 면담 조사도 없이 한 차례의 특별장학 결과 별다른 문제가 없다는 것으로 결론 내렸습니다.

서울시교육청 학생인권교육센터가 나섰습니다. 피해 학생 면담, 피해 학생 학부모 면담, 학교 관리자, 중부교육지원청까지 조사가 진행되었습니다. 결국 작년 말 서울시교육청 학생인권교육센터 옹호관의 시정 권고 조치가 학교로 내려왔습니다. 학교장과 학교폭력 조사 담당 교사의 사과, 실효성 있는 성폭력 예방 프로그램, 피해 학생 치유 프로그램 시행 등의 조치가 내려왔지만 제대로 이행된 것이 없습니다.

서울시교육청에서는 옹호관의 시정 권고 조치가 모두 이행되었다는 보고를 받았다고 하나 실제 상황은 그렇지 않습니다. A 학교 학부모들과 학생들 전언으로는 지금도 여전히 A 학교 학생들이 크고 작은 성폭력 행위에 시달리고 있으며 해결 방안이 제대로 시행되고 있지 않다고 합니다. 서울시교육청은 학교 관리자와 중부교육지원청에서 사안을 축소하고 은폐한 행위를 묵인하고 있습니다. 본질적인 해결 방안을 내놓지 않고 있습니다.

앞으로 제대로 성장해야 할 가해 학생들에게도 아무런 교육적 효과나 교육적 의미를 남기지 못했고 피해 학생들에게는 이중, 삼중의 고통을 안겼습니다. 이 사안을 제대로 해결하는 것은 가해 학생들에게도 청소년기 중요한 성평등 가치 교육이 되는 기회입니다. 경쟁적인 성적 지상주의에 매몰되어 무엇을 하고 무엇을 하면 안 되는지, 제대로 배우고 있지 못한 학생들에게 잘못된 행위가 다시 반복되지 않도록 알려야 합니다. 성인지감수성을 높여 학교 내 성평등 문화가 더욱 정착되고 인권이 존중되는 안전한 학교를 만드는 일에 함께 나설 수 있도록 만드는 소중한 기회입니다.

주변 학교에서도 크고 작은 성폭력 사건이 일어난다고 합니다. A 학교 사안을 계기로 서울 시내, 전국의 학교에서 성폭력 실태 전수 조사를 실시하고 현재 진행되고 있는 성평등 교육을 점검하여 실효성 있는 대책을 제대로 마련해야 합니다. 교육부에서 매년 2회 실시하도록 되어 있는 성평등 교육은 대부분 형식적입니다. 방송실에서 방송을 내보는 방식으로는 제대로 된 성폭력 예방과 성평등 가치 교육이 이루어질 수 없습니다.

저는 이 해결에 나섰다는 이유로 부당 전보를 당했습니다. 저는 학교에 남아서 권고 조치가 이행되는 것을 요구하고 확인하며 피해 학생들이 당당하게 지낼 수 있도록 회복을 도울 생각이었습니다. A 학교 2024년 교육과정에 따르면 사회과 교사가 남아야 하는데 사회과 교사인 저를 전보했

A 학교 성폭력 사태 해결 및 지혜복 교사 부당 전보 철회 요구 기자회견. 2024년 5월 2일, 서울시교육청 앞. 사진 제공_전교조 서울지부

습니다. 이 사안은 학교 내 성폭력 사안을 덮어 버리기 위해 교육과정 운영을 왜곡하며 공익 제보 교사를 내쫓은 강제적이고도 부당한 전보입니다. 공익신고자보호법을 위반하면서 공익 제보에 따른 불이익을 주었고 전보를 결정하는 과정에서는 원칙적이지도 않고 상식적이지도 않은 기준과 절차로 진행하였습니다. 심지어 위법합니다.

강하게 문제를 제기하고 부당하다는 의견을 학교 관리자들에게 여러 차례 전달했으나 묵살되었습니다. 오히려 저를 내쫓기 위해 모든 회의 단위 속에서, 원칙을 흔드는 절차를 진행했습니다. 교장실에서 회의를 열며 비민주적인 결정을 강행했고, 당사자 동의 없는 빈칸의 전보 내신서를 제출, 상위 지침을 위반한 잘못된 전보 계획 문구 적용 등 다양한 방식이 동원되었습니다. 여기에 중부교육지원청까지 가담하였습니다.

교육과정은 학교 운영에서 가장 핵심적인 뼈대입니다. 이번 교육과정 운영 부조리로 인해 결과적으로 학생들에게는 헌법과 교육기본법 제3조와 4조에 보장된 '학생의 학습권과 교육의 기회균등권'이 침해되었습니다. 또한 헌법, 교육기본법, 초·중등교육법에 보장된 '교원의 전문성과 자격증 제도'를 침해하였고, 교원자격검정령, 교원자격검정령 시행규칙에 규정된 '교원의 자격증에 관한 규칙'을 위반하였을 뿐만 아니라, 중학교 전보 계획 상위 규정마저 위반하였습니다.

부당 전보는 교사들에게 노동권을 위협하는 결과를 가져왔습니다. 문제 해결에 나선 교사를 온갖 위원회를 동원하여 탄압하고 위법을 저지르며 내쫓는 일은 입에 재갈을 물리고 노동권을 침해하여 본질적인 교육 활동을 억압하게 됩니다.

서울시교육청 앞에서 A 학교 성폭력 사안의 근본적인

해결, 교육과정 운영 부조리 해소, 공익 제보 교사 부당 전보 철회를 요구하며 농성과 시위를 시작한 지 벌써 110일이 넘었습니다. 부당 전보는 당장 철회되어야 합니다. 학교 안에서 학생들이 스스로 인권을 지키기 위해 용기 내어 신고하는 일이 축소, 은폐될 뿐만 아니라 오히려 2차 피해를 겪고 두려움으로 위축되는 일이 일어나서는 안 됩니다. 부당 전보가 철회되어 학생들에게 정의를 확인시키고 용기를 주고 싶습니다. 학생들에게 당당함을, 용기를, 정의를, 성평등 가치를 되돌려주고자 합니다.

작년에 저와 함께한 학생들이 이제는 3학년입니다. 그들이 졸업하기 전에 A 학교로 다시 돌아가 위축되어 버린 학생들이 언제든 찾아와 기댈 수 있는 든든한 언덕이 되어 주고 싶습니다.

지난 2024년 4월 3일 기자회견에서 발표한 A 학교 학부모님들의 입장문 중 일부를 옮기며 이 시간까지 우리가 겪은 고통을 전합니다.

"근본적인 대책 없이 흘러가는 상황에 학생들과 학부모들은 피로감이 누적되었습니다. 이제는 더 이상 언급하고 싶지도 않고 빨리 이 학교를 벗어나고 싶다는 생각까지 합니다. 아마 학교도 그런 생각으로 전보 조치 했겠지요. 하지만 피해자 학생들은 자신들이 이만한 일로 문제 삼은 것, 진술한 것이 잘못된 일이라고 내면화했을지도 모릅니다. 학생들의 이야기를 듣던 선생님을 강제 전보 조치까지 했으니, 학생들은 이제 이런 문제가 생겼을 때 누구에게 어떤 이야기를 합니까? 이제 어디서 나서서 부당함과 잘못을 말하려고 하겠습니까?"

나는 매일 밤 울었다

소부즈 | 이주노동자

2011년 저는 경기도 포천시에 있는 ○○기계에서 노동했습니다. 고용노동부가 E9 취업비자로 입국한 나를 그곳으로 알선했습니다. 당시 저는 24세로서 한국에 막 들어왔기 때문에 한국어나 한국의 법을 잘 몰랐습니다. 그래서 공장에서 당한 비인도적인 학대를 그냥 견디면서 지냈습니다. 그때 나와 동료 이주노동자들(모두 취업비자 가진 사람들)을 아주 심하게 학대한 사람은 과장이었습니다. 그는 31세로서 사장의 처남이었습니다.

그는 우리가 조금이라도 실수를 하면 입에 담을 수 없는 말로 욕하고 심지어 뺨을 때리거나 폭행까지 했습니다. 언어 소통이 잘 안되면 더러운 욕설도 많이 하고, 손에 잡히는 것을 무엇이든 던지기까지 했습니다. 때로는 그의 마음에 들지 않는다고 판단하고서는 벌을 제멋대로 주기도 했습니다. 겨울엔 영하 18도나 되는 한파에 실외에서 일하도록 강요하기도 했습니다.

그 공장에서 일한 이주노동자들 가운데 방글라데시 사람이 6명 있었습니다. 어느 날 과장은 그 가운데 한 명의 작업 속도가 느리다며 작업장 바닥에 쓰러뜨렸습니다. 그리고 발로 차며 짓밟았습니다. 그 모습을 본 동료 방글라데시인 노동자들(20대)이 항의하기 위해 사무실로 갔습니다. 그 가운데는 한국말을 잘하는 사람들이 있었습니다. 과장 때문에 일을 못 하겠다고 하며 항의했지만 아무 대책도 얻지 못했습니다. 사장은 그저 알았다고만 했습니다.

사장의 어머니를 포함한 다른 한국인들은 친절했습니다. 내가 일을 잘하므로 모두가 나를 매우 좋아했고 그 어머님도 나를 자기 아들처럼 사랑하여 내가 조금 아프면 산에서 약초를 뜯어다가 약을 만들어 주곤 하였습니다. 때때로 그는 내가 일하는 동안 내 방에 와서 방을 청소하기도 했습니다. 가끔 나는 그런 생각도 했습니다. 나의 어머니가 하늘

경기도에 있는 어느 공장의 이주노동자 컨테이너 기숙사. 사진 제공_포천이주노동자센터

에서 나의 고통을 지켜보고 계시기에 그가 어머니의 영혼을 품고 나를 돌보는 것이 아닌가 하는 상상도 했습니다.

방글라데시에서 대학을 졸업하고 나서 한국에 오기 이전에 나는 어머니를 잃었습니다. 어렸을 때 나는 한순간도 엄마 없이는 살 수 없었고, 엄마가 죽으면 나도 죽는 줄 알았습니다.

당시 나는 그 과장 때문에 거의 매일 밤 허름한 기숙사 방에서 울었습니다. 종종 꿈에서 과장이 나를 심하게 학대하고 폭행하는 모습을 보기도 했습니다. 그래서 잠들기가 겁이 나기도 했습니다.

그는 매일 이주노동자들에게 일을 빨리빨리 하라며 다그쳤습니다. 아주 빨리 일을 해도 더 빨리 하라고 다그쳤지만 더 빨리 하는 건 불가능했습니다. 그러면 그는 개새끼, XX새끼 같은 욕을 하며 손에 있는 쇠 연장 같은 것을 던지곤 했습니다. 우리가 항의하면 그는 더 때리며 말대꾸하지 말라고 협박했습니다. 그는 늘 말했습니다. 내가 무슨 말을 하면 무조건 오직 "예!"라고만 대답하라고 했습니다.

우리는 또 피부색이 좀 검다고 모욕을 당하고 동물 취급을 받곤 했습니다. 그는 너희들은 동물 같다고 말했습니다. 원숭이처럼 보인다고도 했습니다. 이런 차별적 모욕은 물리적인 폭력이나 고문보다 더 나를 고통스럽게 했습니다.

한번은 제가 휴게 시간이 아닌 때에 화장실에 갔다고 또 물을 먹는다고 과장이 저를 사무실로 불러 욕설을 했습니다. 이에 옆에서 참다못한 한국인 반장이 그에게 항의하자 반장과 그의 부인을 해고했습니다. 직장을 그만두게 했습니다. 반장은 과장에게 이런 말을 하며 항의했습니다.

왜 외국인 노동자를 때리느냐?

왜 괴롭히느냐?

외국인 노동자도 사람이다.

그들은 동물이 아니다.

과장은 우리가 몸이 아파서 병원에 가려고 할 때도 휴가를 주지 않았습니다. 항의하면 폭언과 폭행이 늘어났습니다. 그러면서 말대꾸하지 말라고 소리쳤습니다.

그때 나는 한국에 처음 왔기 때문에 회사를 어떻게 바꾸는지 전혀 몰랐습니다. 일터를 바꾸고 싶은 마음이 컸으나 사장의 어머니 때문에 참고 일했습니다.

우리는 우리 이주노동자들만 있는 자리에서는 그 과장을 개(dog)라고 불렀습니다. 그의 악행을 말로 다 표현할 수 없습니다.

나는 그 공장에서 보낸 30개월을 평생 잊고 싶었습니다. 그러나 얼마 전 김달성 목사님(포천이주노동자센터 대표)의 거듭된 요청 때문에 이렇게 글을 썼습니다. 앞으로 그 과장 같은 자가 코리아에 없기를 간절히 바랍니다.

끝으로 하고 싶은 말이 있습니다. 사장들에게 부탁합니다. 그 과장 같은 인간이 당신의 공장에 있다면 잘 처리하기 바랍니다. 그냥 두지 말고. 또 한국 정부에게 말합니다. 그 과장 같은 사람을 신고할 수 있는 방법을 이주노동자들에게 많이 알려 주기 바랍니다. 그리고 신고하면 엄격히 법대로 처벌해 주기 바랍니다. 경찰이 사장이나 한국인 편을 드는 경우가 많습니다. 그리고 이주노동자들이 경찰에 신고하는 방법을 알아도 포기하는 경우가 많습니다. 신고를 못 하는 거지요. 큰 이유는 고용허가제 때문입니다. 이주노동자는 고용 연장을 받거나 재입국 취업하려면 사장의 사인을 받아야 합니다. 그러니 그 사인 못 받을까 봐 신고를 못 하는 경우가 많습니다. 사장에게 밉보이면 그 사인을 못 받을까 봐 폭행을 당하고도 신고 안 합니다. 고용허가제를 바꾸는 거 필요합니다.

나는 타국에서 혈혈단신으로 지내기에 나쁜 한국인에게 보복당할지 몰라 가명으로 글을 썼습니다.

노동력이 아닙니다, 사람입니다

짠나 | 캄보디아에서 온 노동자 (통역: 김이찬 | 지구인의 정류장 대표)

2022년 한국에 왔습니다. 논산에 있는 상추 농장에서 일했습니다. 가장 최근에는 딸기 농장에서 근무했습니다. 지금은 쉬고 있습니다. 상추 농장에서는 하루 11시간 일하고 한 달에 휴일은 이틀뿐이었습니다. 아침 6시에 출근해서 저녁 6시에 퇴근했습니다. 한 달 내내 일해서 180만 원 받았습니다. 여가 시간이 없고 허리가 너무 아파서 잘 움직일 수 없었습니다. "몇 번을 말해야 한국 사람처럼 일할 거야?" 사장한테 그런 말 들을 때면 힘듭니다.

임금차별에 대해 이야기하겠습니다. 제조업 등 다른 산업과의 차별이 이미 있습니다. 이미 이주노동자들은 최저임금보다 적은 임금으로 일하고 있습니다. 노동시간은 제조업보다 훨씬 많고 월 휴일이 2일뿐입니다. 2주에 한 번 쉽니다. 월 휴일 2일이라고 근로계약서를 쓰지만 그마저도 고용주가 계약을 안 지키고 한 달 내내 일을 시키는 경우도 있습니다. 주휴수당도 없습니다. 무노동 무임금입니다. 아파도 조퇴 생각 못 합니다. 유급휴일 없어서 공휴일에 쉬는 것도 생각 못 합니다. 휴일근로수당이나 야간근로수당 등 전혀 없습니다. 임금 수준은 제조업의 75퍼센트(주 52시간 기준) 정도입니다.

숙소는 일터 근처의 창고, 작업장 가건물, 샌드위치 패널(컨테이너), 창고를 개조한 숙소 등 주택이 아닌 곳에 삽니다. 농업노동자의 70퍼센트가 그렇습니다. 고용주가 숙소를 제공해야 하는데 숙소 사용료를 핑계로 공제되는 금액이 아주 큽니다. 샌드위치 패널 한 방에 3~4명이 사는데, 30만 원에서 45만 원까지 임금에서 공제합니다. 죽어라 일했을 때 210만 원 받는데 숙소비로 고용주가 또 가져갑니다. 국민건강보험도 적용이 안 됩니다. 사업자 등록을 안 한 고용주가 절반 정도 되기 때문입니다. 그래서 건강보험 직장가입자 혜택도 못 받고 건강보험료를 2배 정도 냅니다. 어처구니없는 점은

비닐하우스 딸기 농장. 사진 제공_지구인의 정류장

장기요양보험료까지 부과받고 있습니다. 저는 여기서 노후를 보낼 것이 아닌데 15~16만 원을 직장이 있든 없든 내야 합니다.

생활비도 많이 듭니다. 주거지가 밭 근처라 인근에 생필품 상점, 상가, 약국, 병원, 은행 등 생활 편의시설이 없는 경우가 많습니다. 문화생활은 기대도 못 하고요. 식재룟값도 비싸고 교통편도 안 좋습니다. 사람이 많이 안 사는 곳이라서 대중교통이 힘들어 택시를 이용할 수밖에 없어 돈이 많이 듭니다.

업종에 따라 최저임금을 더 나눈다는 의견이 있는데 저는 절대 반대합니다. 이주노동자, 특히 농업노동자들은 이미 최저임금보다 적게 받아 착취당하고 있으면서 노동자가 없는 지역(농촌)을 지키면서 노동력을 공급하고 있습니다. 이렇게 농촌의 최저임금 차별하려고 한다는 이야기를 들었는데 절대 동의할 수 없습니다. 외국인노동자에 대한 차별을 더 심하게 할 것입니까? 지금도 차별이 심한데 차별이 더 심해질 것입니다. 상식적인 정책이라고 한다면 더 힘들거나 위험하거나 기피하는 일에 더 보상해야 하는데, 혜택이 주어져도 부족할 판에 가장 험한 일의 노동자들 최저임금을 깎겠다는 것은 외국인밖에 없기 때문에 우리 외국인을 차별하겠다는 의도가 보이는 정책 아닙니까? 그렇게 해서 농업노동자의 임금이 깎인다면 그 사업자의 한국인 노동자 일자리가 늘어날까요? 농촌 지역 노동자의 최저임금 깎아서 노동자가 없어지면 그 지역의 한국인 삶은 나아지고 그 지역의 경제는 좋아질까요?

차별이 심해지면 농업노동자들은 더 견딜 수 있는 생활을 위해 도시, 제조, 건설업 등으로 이동할 것이고 농업산업 다시 공동화될 것입니다. 외국인노동자를 괴롭히는 것일 뿐만 아니라 지역사회를 황폐하게 만들고 모두를 죽이는 결과 아니겠습니까? 지역사회 시골과 기초산업(풀뿌리)을 살리고 싶다면 일하고 싶은 곳이 되도록 국가가 지원해야 하는 상황 아닙니까? 오히려 차별과 착취를 더 심하게 하겠다는 것은 그 일터 자체를 사람이 오지 못하게 만들겠다는 것 아닙니까? 모든 부분에서 차별이 있는데, 다시 최저임금에 차별을 둔다면 이는 농업노동자들을 노동법의 노동자로 보지 않고 하인으로 만들겠다는 소리입니다.

저는 한국에 오기 위해 캄보디아에서 높은 이자의 대출을 받았습니다. 그런데 이곳 고용주가 돈을 준다고 두 번이나 약속해 놓고 아직도 못 받았습니다. 못 받은 돈이 1,900만 원인데 체당금('임금채권보장법'에 의하여 임금이나 퇴직금을 받지 못한 근로자에게 고용노동부 장관이 사업주를 대신하여 일정한 한도 내에서 이를 우선적으로 지급해 주는 것)도 못 받습니다. 고용주가 사업자등록을 안 했기 때문입니다. 생활을 해야 하는데 남의 나라에서 돈 빌리기도 힘들고 너무 억울하고 답답합니다.

일을 구하는 동안 캄보디아 동료를 통해 알게 된 '지구인의정류장' 쉼터에서 지내고 있습니다. 고향에서 빌린 돈을 갚을 길도 막막하고 정말 힘듭니다. 새 직장을 구해도 괜찮은 곳일지 알 수가 없습니다. 돈을 모으면 고향에 땅을 사서 집을 짓고 싶었습니다. 다시는 이런 일이 없었으면 좋겠습니다.

다수를 위한 일

김유진 | 제1회 작은책 생활글 공모전 작은책상

추석 연휴가 한창이던 지난 9월의 어느 날, 느닷없이 부고 문자 한 통이 날아들었다.

'○○구청 ○○○ 팀장 배우자 상. ○○○장례식장….'

모처럼 만의 연휴에 날아든 부고가 부담이 됐지만(문자상으로는 코로나19로 인해 조문객들을 받지 않겠다고 적혀 있었지만 직속 상관이라 잠깐이라도 장례식장에 들르지 않을 수가 없었다) 한편으로는 꽤 젊은 나이에 생을 마감한 사람의 소식을 달랑 문자 한 줄로 접하는 마음이 착잡하면서도 조금은 충격으로 다가왔다. 내가 그분에 대해 아는 것이라고는, 팀장의 배우자이자 같은 지자체 직원이었다는 사실밖에 없었음에도 불구하고.

평소 수다스럽기로 소문난 팀장이 왜 배우자에 관해서는 일절 말 한마디 하지 않았을까? 부부 사이가 많이 안 좋았던 걸까? 숨겨야 하는 어떤 사연이라도 있는 것일까? 장례식장을 다녀온 후 며칠 동안 잊을 만하면 이런저런 질문들이 머릿속을 맴돌았다. 평소 타인의 사생활에 그다지 관심을 두는 편은 아니라 이런 나 자신이 이상하다 싶었던 찰나, 그분의 사연을 우연히 접하게 되었다.

그분은 십 년 전쯤 구제역 살처분 현장에 동원됐었다고 한다. 그 이후 많이 괴로워했고, 그 마음을 술에 의지해 견뎌 내다 시설에 들어가야 할 정도로 극심한 알코올 중독자가 되었으며, 그러고도 나아지지 않아 다시 술에 손을 대다 결국은 위암으로 돌아가셨다고 한다. 얘기를 접한 순간 텔레비전 뉴스에서 봤던 살처분 영상들이 머리를 스치고 지나갔다. 인간의 식탁에 오르기 위해 오동통 하얗게 살찌워진, 수도 없이 많은 돼지들이 산 채로 구덩이 속에 무참히 던져지던 장면들이…. 얘기를 듣고 머리를 심하게 한 대 얻어맞은 듯 정신이 얼얼해졌다.

다수를 위한 행동이 어떤 사람에겐 목숨을 위협하는 일이 될 수 있다는 사실에 문득 얼마 전 업무를 하며 목격했던 장면들이 떠올랐다.

코로나19 확진자 숫자가 급격하게 오르던 지난여름 어느 날, 동료 직원과 나는 야간에 관내 노래방과 주점 등을 돌아다니며 '정부 방침을 어기고 영업을 강행할 시 행정처분에 처한다.'라는 내용이 담긴 포스터와 경고장을 붙이러 다녔다. 그날따라 비가 세차게 내렸다. 주변은 그야말로 주차가 지옥인 곳이었고, 우리는 인근에 차를 댄 후 미리 준비해 온 종이 위에 찍힌 관내 가게들 위치와 주소록을 하나하나 확인해 가며 스무 군데가 넘는 장소를 걸어서 이동했다. 한 손으로 우산을 든 채 다른 한 손으로는 지도를 짚어 가며, 포스터를 붙인 가게에는 지도상에 가위표를 쳐 가며 스무 군데가 넘는 장소를 이동해 다니는 일은 중노동에 가까웠다. 나중에는 지도가 비바람에 너덜너덜해져서 알아볼 수 없는 지경이 되었다.

사실 개인적으로는, 정부의 방침이 너무 자영업자의 희생을 강요하는 쪽으로 이루어지고 있다는 생각에 '이렇게까지 해야 하나?' 회의감이 많이 들었고 그럼에도 불구하고 말단 공무원으로서 시키는 대로밖에 행동하지 못하는 나 자신이 한심하기도 했다. 그러나 내 마음을 더 쪼그라들게 만든 건, 평소라면 한창 활개를 치고 있어야 할 가게들에서 마주한 정적과, 어둠과, 그리고 마치 죽음을 예견하는 듯 스멀스멀 코끝으로 올라오던 그 퀴퀴한 냄새들이었다. 눈앞의 가게들은 마치 거대한 무덤 속에 갇혀 있는 것 같았다.

그러다 한 군데 문을 연 가게를 발견했다. 조금 전 무거웠던 마음이 불 켜진 가게를 마주하자 순간 환해지려다 이내 걱정이 앞섰다. '정말 영업을 하는 거면 어쩌지? 그럼 행정처분을 해야 하는 건가? 하지만 어떻게 해야 하지? 과연 내가 할 수 있을까?' 복잡해진 마음에 천천히 심호흡을 하고는 문을 슬며시 밀고 가게 안으로 들어갔다.

다행히 가게 안에 손님으로 보이는 사람은 없었다. 직원들로 보이는 몇 명이 물건을 이리저리 옮기며 짐을 정리하고 있는 것 같았다. 난 조금은 가벼워진 마음으로 용기 내 질문을 던졌다.

"여기, 영업하고 계시는 건 아니죠?"

"아니에요. 휴업하기 위해 가게를 정리하고 있는 중입니다."

사장으로 보이는 남성이 나와 내 동료를 번갈아 보더니 어디서 나왔느냐고 물었다. 나는 목에 두르고 있던 공무원

증을 내보이며 구청에서 나왔다고 말했다. 그러자 그는 우리 같은 공무원들이 요즘 제일 부러운 사람들이라며 자신의 힘든 사정에 대해 토로하기 시작했다. 차마 그냥 등 돌리고 나올 수가 없어 "네…, 많이 힘드시겠어요" "그러시죠" "그 심정 이해 갑니다…." 같은 말을 건네며 이십여 분을 그곳에 머물러 있었다. 그는 말하는 중간중간 깊은 한숨을 여러 번 내쉬었다. 그러고는 우리가 해결해 줄 수 있는 건 없겠지만 바쁠 텐데 시간 내 자신의 하소연을 들어 줘서 고맙다며 인사를 건넸다.

돌아서 나오는 마음이 전보다 더 무거워졌다. 그러나 할 수 있는 게 없어 무기력했던 나는 기계적으로 남은 포스터들을 마저 붙이고 별다를 것 없이 그날 하루를 마감했다.

얼마 후 뉴스에서 생활고로 인해 자살한 자영업자에 관한 소식을 들었다. 내 마음을 짓눌렀던 그 무거웠던 공기와 노래방 사장님의 얼굴이 떠올랐다. 그분이 아닐 거라고 생각하면서도 마치 그분의 일처럼 느껴졌다. 지금쯤 어떻게 지내고 계실까…?

전염병이 전파되는 걸 최소화하기 위해, 그래서 다수의 사람들이 건강한 삶을 누리게 하기 위한다는 명목으로 가게들의 영업 제한이 장기화되고 있다. 그러나 결국 이 방침이, 열심히 살아오던 소시민들이 그 무엇과도 바꿀 수 없는 목숨을 스스로 포기하게 만들고 있다.

잘 모르겠다. 다수를 위한다는 명목으로 수많은 동물들과 어떤 사람들의 목숨이 이토록 가벼워져도 되는 건지, 지금 우리가 행하고 있는 것들이 진짜 다수를 위한 것은 맞는 것인지….

그래서 글을 써 본다. 혼란한 내 마음을 조금이라도 위안받아 보고자. 혹은, 답을 알고 있을 그 누군가에게 질문을 던져 보고자.

우리는 정말 다수를 위한 일을 하고 있는 걸까요?

수상 소감

최근 야심 차게(?) 도전했던 일에 연이어 거절을 당하면서 마치 오랫동안 짝사랑하던 남학생에게 용기 내 고백한 자리에서 차인 것과도 같은 심적 좌절감에 허덕이고 있었다.

그러던 와중에 〈작은책〉으로부터 당선 소식을 전해 듣게 되었고 나는 다시 기사회생하였다. 역시 인생은 타

이밍이다. 적절한 시기에 나를 수렁에서 건져내 준 〈작은책〉 심사위원 모든 분들께 격렬한 감사의 인사를 드리고 싶다.

노동현장에서 몸소 겪은 일 속에서 느꼈던 솔직한 나의 생각과 감정을 적은 글이 얼굴 한번 마주하지 못한 타인의 마음에 조금은 가 닿은 것 같아 그 어떤 글로 당선된 것보다 흐뭇하고 기쁜 마음이다. 이 마음으로 앞으로도 〈작은책〉과의 소중한 인연을 계속 이어 나가고 싶다.

많이 또 보았다.
청년모임 마니또 비긴즈

최한솔 | 안산시비정규직노동자지원센터 노무사

"노무사님, 애들이 어리고 철이 없어서 뭘 모르는데, 하나만 부탁하겠습니다. 애들 이것 좀 하지 않게 말해 주세요."

교장 선생님은 주먹을 움켜쥐고 팔뚝질을 보여 주었다. 슬며시 탁자에 놓여 있는 〈조선일보〉에는 학교 비정규직 노동조합의 파업에 대한 기사가 언뜻 보였다.

"이번에 학교 비정규직 파업한다는데 우리 학교만큼은 그런 일 절대 없습니다. 애들도 회사 가서 애먼 생각하지 않도록 잘 알려 주세요."

반복되는 우려와 당부 속에 학교 전담 노무사로서 처음

만나게 될 현장실습생 친구들과의 만남이 10분째 늦어지고 있었다.

"제가 건강한 방법을 잘 알려 주겠습니다. 하하하하. 시간이 없으면 전달도 못 하겠는데요? 하하하."

어색함과 당혹감을 뚫고 나오는 헛웃음을 던지며 자리를 떴다. 씁쓸했지만 고마움도 느꼈다. 덕분에 짧은 시간 안에 특성화고 친구들, 현장실습생 친구들이 어떤 시선과 편견들 속에 있는지 알 수 있었다. 공부 안 했으니 냉혹한 현실을 당연히 인정해야 하는 아이들, 그것도 모르고 천방지축 철없는 어린애들. 그런 친구들이 현장실습제도를 통해 **빠른 취업**을 하게 되니 문제를 일으키지 않을까 노심초사할 수밖에. 그나마 잘 먹고 잘 버텨 잘 살기를 바라는 것이 아이들을 위한 애정이겠거니 했다.

현장실습생 지원을 위해 한 학교를 노무사가 전담하는 학교 전담 노무사. 우연히도 공업단지를 배경으로 하는 우리 지역에서 가장 많은 현장실습생을 보내는 학교의 전담 노무사가 되었다. 하지만 전담 노무사가 할 수 있는 일은 여러모로 한계가 있었다. 현장실습생은 노동법이 적용되는 노동자가 아니라 교육훈련생이라고 했다. 노무사회도 교육청도 조심스럽게 회사가 불편함을 느끼지 않도록, 점검이나 단속이 아니라 지원하는 것임을 잊지 말라고 했다.

노무사로서 역할이 고민될 때 현장실습생 친구들을 가까이서 만날 기회가 보이기 시작했다. 현장실습에 나가기 전 강의 한 번, 선도기업 인정 또는 현장실습 지원 코칭 때 한 번. 그 소중한 두 번 중 한 번의 기회를 위해 학교를 찾았는데, 팔뚝질을 막아 달라는 부탁에 시간을 허비하고 있으니 초조해질 정도였다. 호언장담은 했지만 건강한 방법이 무엇인지는 몰랐다. 하지만 애당초 팔뚝질을 위한 시간도 아니었다. 단지 일하며 만난 선배 노동자들이 만든 좋은이웃(일하는사람들의생활공제회 좋은이웃)을 통해 함께 모이고, 즐기고, 새로움을 만드는 경험 덕분에 자신 있었다. 노동조합이 아니더라도 함께 모이면 얼마나 재미있고 든든한 일들이 생기는지 잘 알고 있었다. 함께 모이는 것만으로 즐거운 일이 생기리라.

내 가방에는 설문지 60장이 들어 있었다. 무엇을 할지 무엇이 필요한지 몰라서 준비한 몇 개의 질문과 연락처를 적을 수 있는 한 장짜리 신청서였다. 약속된 강의를 마치고 신청서를 돌렸다.

"무엇을 할 수 있을지 잘 모르겠지만 재미있는 거 해 볼 사람, 뭐든 필요한 때가 있을 테니 연락하고 지낼 사람은 고민하지 말고 신청서 써!"

"치킨 한번 먹자! 회사 안에서는 힘들면 힘들다 말하기 껄끄러운데 회사 밖에서 모여 치킨 한번 먹으면서 진짜 현장실습 어떤지 이야기해 봐야지."

"좋은이웃이라고, 선배 노동자들을 많이 알고 있어. 궁금한 것도 물어보고 도움도 받으면 좋지 않겠어?"

"뭘 할지 몰라. 그런데 진짜 하고 싶은 거나 필요한 것이 있으면 돌덩이라도 던져 줘. 그걸 반짝반짝 빛나게 하는 걸 제일 잘하거든."

주어진 기회 중 한 번. 최선을 다해 꼬셨다. 처음 만난 66명의 현장실습생 친구들이 한 명도 빠짐없이 신청서를 작성해 주었다.

이후 50개 사업장의 현장실습 점검을 진행했고, 91명의 현장실습생을 만났다. 두 번째 만남, 형식적인 점검에 그칠 순 없었다. 짧은 점검에 긴 면담 시간이 이어졌다. 이때서야 알았다. 형식적으로 주어진 짧은 면담 기회가 현장실습생 친구들에게는 처음 여행하는 사막 속에 오아시스가 될 수도 있다는 것을. 처음 만난 친구도, 두 번째 보는 친구들도 반가움으로 한층 더 가까이서 이야기를 나눌 수 있었고, 표정을 살펴볼 수 있었다. 이후 계획된 치킨 모임의 초청까지 이어졌다.

전담 노무사 제도가 시작되던 해 1월, 올해는 무엇을 할까 안산시비정규직노동자지원센터 회의가 거듭될 때, 함께 일하는 임윤수 부장이 청년 조직화, 특성화고 졸업생 이야기를 꺼냈다. 현장실습생 친구들의 죽음이 매년 줄을 이었고, 함께 일하는 문상흠 노무사님도 현장실습을 하다 괴롭힘에 옥상에서 뛰어내린 친구의 산재 사건을 맡고 있던 때였다. 임윤수 부장은 현장실습생 문제, 청년 문제에 접근을 해야 한다며 기어코 50만 원의 예산을 설득해 냈다. 그리고 이 50만 원이 소중한 마중물, 치킨값이 되어 주었다.

갈 길이 어둡고 추워 보일수록 혼자보다는 함께가 낫다. 센터의 임윤수 부장, 한지경 노무사, 좋은이웃의 이응록 팀장과 현장실습생 지원팀, 일명 현실TF가 꾸려졌다. 선배 노동자들이 열어 준 좋은이웃 공간에서 '치킨 모임'이 진행되었다. 세 번째 만남이었다. 현실TF와 현장실습생 친구들을 만나게 되었고, 회사에서 할 수 없었던 이야기, 일하며 느낀

2020년 6월 스무 살 MT를 통해 '마니또'라는 이름을 지었다. 사진 제공_좋은이웃 현실TF

고민들, 궁금한 것, '각자'의 이야기가 '우리'의 이야기로 조금씩 쌓이기 시작했다.

월급은 어떻게 관리하면 되는지, 스무 살이 되면 먹고 싶은 술의 이야기, 여행과 데이트 코스 등등 친구들의 설렘과 걱정이 묻어 있는 이야기들을 바탕으로 '스무 살은 처음이라'는 프로그램으로 이어졌다. 졸업식에 꽃벽을 설치하고 졸업을 축하하며 함께 사진도 찍었다. 만난 지 3개월. '노무사님' '선생님' 하고 부르던 아이들이 나를 '형'이라고 부르기 시작했다.

많이 또 보았다. 갑자기 놀 때 모이는 '갑자기 포차', 함께 모여 맥주 먹으며 영화 보는 '넷플렉스', 퇴근하고 회 먹는 '회 사 가는 날', 코로나 덕분에 시작된 소규모 근황 토크 '삼삼오오 모임', 대학이 아니라 취업을 선택해 경험하기 힘든 'MT'도 갔다. 그 자리에서 밤을 새우며 '마니또'라는 모임 이름도 정했다. 어느덧 모임지기도 뽑고, 모임을 함께 기획하기 시작했다. 매월 한 번, 두 번의 모임들이 모여 일 년 사이 34번 모임으로 이어졌다. 그렇게 많이 또 만나는 사이, 우리는 서로가 서로의 '마니또'가 되었다.

이제, 봄바람에 날려 갈 먼지 한 톨의 힘

김경민 | 제4회 작은책 생활글 공모전 우수상

지난 2024년 7월 25일 해고자 복직 및 불법파견 문제를 걸고 투쟁하던 한국지엠 비정규직지회 동지들이 근로자 지위 확인 소송 대법원 판결을 앞둔 날이었다. 강산도 변한다는 10년에 가까운 세월 동안 투쟁하면서 그 옆 갓길에 서서 연대라는 이름으로 같이 호흡하고 걸음 했던 날이 이제 드디어 마침표를 찍는 건가 하는 생각이 들었다. 혹시나 하는 마음과 설레는 마음이 뒤섞여 심장이 두근거렸다. '입이 보살이다, 말이 씨가 된다.' 등 옛말이 생각나서 입을 벙긋거리는 것조차 조심스러웠다. 그런 마음으로 대법원으로 향하는 전세버스에 몸을 실었다.

'연대는 산길과 같아서 자주 오고 가지 않으면 그 길은 없어지나니'라고 적힌 부산 서면시장번영회지회 티셔츠를 입었다. 까닭 없이 굳어지는 마음에 티셔츠에 적힌 글자를 만지작거렸다. 삶의 현장을 안전하게 만들기 위해서 싸우는 일은 가장 기본이 될 수밖에 없는 일이라고 외치는 사람들, 자신의 삶을 걸고 싸우는 온 세상 사람들 옆에서 인간이기에 인간답게 살고 싶다는 그 외침을 포기할 수 없어 투쟁하는 수많은 동지들 옆에서 먼지처럼 떠다녔던 내 모습이 떠올랐다.

2014년 봄, 갈림길 사이에서 빙그르르 도는 때였다. 과감히 휴학을 했다. 주변 친구들이 창업이니 취업이니 하면서 바쁘게 움직일 때였다. 신념과 가치관을 세워 의미가 담긴 값진 일을 해야 한다는 생각이 강하게 들었던 때였다. 혼자서 온갖 현학적인 생각에 둘러싸여 살았다. 도서관에 가서 괜히 《만화로 읽는 자본론》, 《청소년을 위한 자본론》을 빌려 읽었다. 사회학 이론 책을 펼쳐 무슨 말인지도 모르는 문장들을 읽어 내려갔다. 혼란스러운 이 시기를 견디면 뚜렷해지는 무언가를 만날 수 있지 않을까 하면서 견디는 시간이었다. 그런 날들이 반복되어 쌓여 가던 어느 날 세월호 참사가 일어났다. 거대한 슬픔이 나를 삼켰다. 그날 이후 한동안 모든 대중매체를 끊었다. 견디고 버텨도 소용없을 거라는 강한 생각이 들었다. 모든 것이 덧없고 허무해졌다. 무기력해지는 마음으로 다시 학교로 돌아갔다.

학교로 돌아가서 보니 학교 게시판에 '세월호 침묵시위'를 진행한다는 대자보가 붙었다. 신기했다. 대자보에 적힌 번호로 당장 신청 문자를 보냈다. 다음 날, 내 몸집만 한 피켓을 들고 학교 캠퍼스를 크게 한 바퀴 돌았다. 죽어 있던 마음 한구석에 희미하게 불빛 스위치가 켜진 느낌이었다. 침묵시위를 제안한 친구는 시위를 마무리하면서 자기가 다니는 책 모임이 있다며 소개해 줬다. 책자를 주면서 일시와 장소를 알려 주었다. 마음이 두근거렸다. 긴장한 탓에 걸어서 10분이면 갈 거리를 헤매다 택시를 탔다. 도착한 곳은 한 노동조합 사무실이었다. 그날, 왼쪽으로 기울어 가는 마음으로 조심스럽게 읽어 내려가면 이해할 수 있겠구나 하는 막연한 안도감이 생겼었다.

얼마 뒤, 그 노동조합 사무실에서 식사 자리에 초대한다는 초대장을 받았다. 누가 투쟁 열심히 해서 상을 받았다고 했던가. 해가 다 지고 깜깜한 시간에 노동조합 사무실을 찾아갔다. 회색 작업복을 입은 사람들이 오순도순 앉아 있었다. 아마 내 눈이 동그랗게 되었을 것이다. 비정규직지회라고 했는데 조합원이라고 소개한 사람들이 모두 젊었다. 내 머릿속에서 비정규직 노동자들은 나이가 많은 아저씨들인 줄 알았다. 내 선입견은 와장창 깨져 버렸다. 비정규직 문제는 '다가올 내 문제'라고 생각이 들던 순간이었다.

그때부터 내 조그마한 엄지손가락만큼의 힘을 보태고 싶어서 찾아갔다. 기자회견 한다고 하면 맨 뒤에서 기웃거리고, 천막을 친다고 하면 공장 앞 다리 위에서도 바라보고, 다 친 천막에 들고나면서 천막 주춧돌에 마음도 얹고, 그런 날들이 이어졌다. 내가 비정규직지회를 알자마자 회사의 업체 폐업 공격이 들어왔고 한국지엠 창원비정규직지회는 막아 냈다. 2017년 말에는 사측의 인소싱 공격으로 인해 본격적인 투쟁 체제로 돌입하는 모습을 다 지켜봤다. 노동조합 조끼를 입고 빨간 투쟁 머리띠를 바짝 동여매고 깃발 아래로 모였던 조합원분들 모습이 아주 위풍당당했다. 그 이미지 하나로도 노동자의 힘은 무엇인지 느꼈다.

한번은 이런 일도 있었다. 고용노동부 창원지청 점거 농성을 할 때였다. 노조가 없는 사업장에서 생계비를 벌 때라

긴 잔업으로 일이 늦게 끝나 문화제에 가지 못한 날이 있었다. 그다음 날 일을 마치자마자 농성장으로 달려갔다. 한 조합원 동지가 "어제 왜 안 왔어요?" 하면서 큰 소리로 반가운 듯 나무라듯 달려 나와 맞아 주었다. 그래도 내가 안 보이면 궁금한 사람이 되었나 보다 싶어서 어떻게 더 열심히 연대할 수 있을까 고민하게 되었달까.

또, 어떤 조합원 동지는 투쟁하는 동안 부침이 있었던 모양이다. 단결을 위한 체육대회를 하는 날이었는데, 막걸리 한 잔을 들고 여름 햇살 아래에서 "단결된 모습으로 대단한 투쟁을 하는 모습들을 연대 동지들한테 보여 주고 싶은데, 부족한 모습까지 이렇게 적나라하게 드러내게 되어서 미안하다."라는 말도 해 주었다. 손사래를 치며 그렇지 않다고 "이렇게 투쟁해 주시는 동지들이 있어서 마음 한구석이 희망차다."라며 괜찮다고 호들갑스럽게 답했던 기억도 있다. 그런 마음을 보고, 듣고, 느끼니 한 번 더 걸음 해야 한다는 생각이 내내 들었던 듯하다. 연대는 동지들과 마음을 기대며 서로 얽혀 가는 관계인 건가 하는 생각을 하게 되었다.

그렇게 굴곡을 넘고 넘어 대법원 선고를 받았다. 드디어 마침표가 조그맣게 찍히는 줄 알았다. 그러나 회사는 아직도 복직 날짜를 제시하지 않고 있다. 투쟁하는 내내 회사는 한결같이 '법원 판결에 따라 이행하겠다.'라고 했다. 그런데 투쟁을 통해 받아 낸 법원 판결에도 전혀 꼼짝하지 않는다. 교섭 요청 공문을 이미 세 번이나 무시했다. 대법원 판결을 받아 든 노동자들이 분명 주도권은 우리에게 있다며 투쟁의 끈을 아직 놓지 않았다고 한다. 여전히 인천에 있는 한국지엠 본사에 가서 투쟁을 하고 창원공장 내에서 선전전도 하고 있다. 대법원 판결이 나오니 주변에서 '축하한다, 언제 복직하냐.'고 물어본다는데 악질 중의 악질 한국지엠 자본은 여전히 그 답을 어렵게 만들면서 투쟁했던 노동자들을 괴롭히고 있다.

그럼에도 현장으로 다시 돌아갈 동지들을 생각한다. 투쟁하는 기간 동안 온갖 유혹과 회유를 마주했을 텐데 끝까지 버텨 냈다. 도중에 유혹에 넘어간 동료 조합원을 이해하려 애쓰면서 붙잡은 깃발을 놓지 않았다. 당당하게 현장에 들어가고 싶다고, 저 문을 고개 숙이면서 들어가고 싶지 않다고 했던 마음들이 결국은 '한국지엠이 불법파견을 저질렀다'는 사실을 공론화하는 결과를 만들어 냈다. 판결 이후에도 사측과의 관계는 갈등도 난항도 아닌 상태다. 아직도 직접 고용해야 할 노동자들을 무시하는 자본에 맞서 여전히 싸우고 있다. 투쟁하면서 겪었던 수많은 일을 거름 삼고 새로운 싹을 틔우러 내 삶의 현장으로 반드시 들어갈 것이다.

먼지처럼 보탰던 연대의 마음은 봄바람에 실려 날아갈 것이다. 또 다른 투쟁 사업장에 내려앉을 것이다. 조금 더 옹골찬 먼지가 될 뿐 사라지지 않을 것이란 사실은 분명하다. 내 삶의 문제에서 시작해 사회 전체의 문제를 걸머졌던 동지들과 닮은 사람들 곁으로 살포시 내려앉아 연대를 시작할 것이다.

수상 소감

커다랗고 소중한 상을 주신 〈작은책〉 여러분에게 진심으로 감사합니다. 이 글을 쓰고 나서 한국지엠 사측에서 갑자기 연락이 왔고 정말 갑자기 출근하게 되었습니다. 동지들이 정문을 통과해서 지나가는 모습을 보고 벅차올랐습니다. 저 정문 앞에서 있었던 몇 번의 촛불문화제, 셀 수 없이 많았던 기자회견, 결의대회 등등. 정말로 파노라마가 스쳐 지나갔습니다. 청춘이 찬란하다고 하는데, 제 청춘이 찬란했다면 그것은 지역에서 열심히 투쟁했던 한국지엠 동지들 덕분이었다고 꼭 말하고 싶었습니다.

모든 사람의 삶은 안전해야 합니다. 그 안전은 자신이 일하는 현장에서부터 시작한다고 생각했습니다. 한국지엠 동지들은 '노동자의 힘'을 느끼게 해 주었고 저에게도 노동조합 조끼를 입고 싶다는 꿈을 심어 주었습니다. 소심하고 수줍음이 많아 투박하게 다가갔음에도 따뜻하게 다가와 주셔서 감사합니다. 복직을 축하드립니다. 이제 현장 안에서 활약할 동지들이, 투쟁을 통해 넓혀진 시야로 깊고 진하게 활동할 동지들이 기대됩니다.

비정규직지회에서 활동했던 모든 것들이 선물과 같다고 표현하는 동지도 있습니다. '투쟁이 아니면 몰랐을 것들을 경험했고 마무리하면서는 다시 태어난 거 같다.'고 표현했던 동지도 보았습니다. 금속노조 조끼가 마음의 고향이라고, 투쟁했던 그 시간이 '좋은 세월'이었다고 표현하는 동지들을 보면서 기억과 추억을 나눌 수 있게 되어서 정말 영광입니다.

여전히 제가 사는 지역을 포함해서 여기저기 투쟁하는 곳이 많습니다. 아직도 사람들은 높은 곳을 오르고,

곡기를 끊고, 일하다 아프고, 죽기도 하며, 목숨과 같은 고용을 걸고 싸우고 있습니다. 앞으로도 세상은 싸우면서 변화하겠구나 싶습니다. 그 싸움의 행렬에서 이탈되지 않도록, 변화의 길에 조금이라도 보탬이 되는 삶을 살겠습니다. 아, 한국지엠 창원공장에도 아직 한 명의 해고자가 남아 있다는 걸 잊지 않으시면 좋겠습니다.

언제나 글 쓰고 싶다고 과분한 꿈을 품은 저에게, 할 수 있다고 용기를 주는 가족, 싸람(싸우는 노동자를 기록하는 사람들), 달리기, 요가에게 고마움을 전합니다. 〈작은책〉 여러분들에게도 다시 한번 감사드립니다.

부록

세상을 바꾸는 글쓰기 모임

말로 쓰는 글

원고를 기다립니다

〈작은책〉과 희망을 나눠요!

세상을 바꾸는 글쓰기 모임

글을 써보세요

나는 이십 때부터 내 살아온 이야기를 쓰고 싶어 하지 않았나 싶다. 그 까닭이 있다. 나는 무척 소심하고 내성적이다. 그런데다가 어릴 적부터 부모님이 하루가 멀다 하고 싸우는 틈에서 자랐고, 불같은 아버지 성격 때문에 말 한마디 못하고 자랐다. 그래서 내 삶을 누군가 알아줬으면 싶어서 쓰려고 했던 같다.

그러나 배운 게 없어 글이 되지 않았다. 몇 번을 A4 용지 반 장 정도 쓰다가 포기를 하고는 했다. 그 뒤 30대에 대우자동차에 입사를 했고, 처음으로 '노동조합은 어디로 가고 있는 것일까'(1996년)라는 제목의 글을 썼다. 두서도 없이 노동조합에 따지는 것뿐이었는데 노보에 실어주었다. 그 뒤로 나를 친형처럼 따르는 현덕이가 글을 바로 잡아주고 고쳐주면서 몇 편을 더 썼다.

이렇게 용기를 내어 쓰게끔 만든 것은 〈작은책〉이다. 나는 〈작은책〉을 창간호부터 봐 왔다. 지금은 많이 달라졌지만 초창기에는 〈작은책〉을 보면 나도 무엇인가 쓰고 싶다는 충동을 느끼게 했다. 나만 그런 것이 아니고 많은 사람들이 그런 말을 했다.

1999년도였다. 회사가 어렵다고 휴가비를 주지 않았다. 휴가를 집에서 보내면서 몇 번을 쓰다가 포기했던 살아온 이야기를 써보기로 마음먹고, 예전 생각을 떠올리며 쓰기 시작했다. 형편없는 글이지만 열흘 만에 스무 편 가량을 썼다. 누구를 보여주기 위해 쓴 글이 아니기 때문에 꾸미지 않고 있었던 일을 생각나는 대로 늘어만 놓았다.

나중에 식구들이 볼지도 모른다는 생각에 다시 교정을 하고 싶었다. 좀 알고 지내던 '작은책' 강순옥 편집장님한테 도움의 말을 부탁했다가 코를 꿰어 〈작은책〉에 연재를 하게 되었다. 그러면서 생활글을 써서 글쓰기 모임에도 나갔다. 노보나 〈작은책〉에 몇 번 실리기는 했지만 사람들 앞에 내 삶을 직접 내놓기는 처음이라 창피하다는 생각이 들었다. 하지만 부끄러움을 무릅쓰고 용기를 내어 내놨다. 그리고 소리 내어 읽기까지 했다. 그렇게 서너 번 하고 나니까 창피함이 사라졌다. 두려움을 이겨내면 자신도 생기고 발전할 수 있는 것이 아닌가 싶다.

글을 쓰면서 느낀 것이 많다. 그 당시 내가 잘못했다고 느끼지 못했던 것도, '아, 이때는 내가 잘못한 거구나' 하고 반성을 했다. 내 글에 다른 사람 욕되게 하는 글이 많다는 것도 알았는데 그것은 내가 나를 보지 못해서 그렇다는 것도 알게 됐다. 그래서 내가 나를 보지 못해서 그렇구나 생각되어 아이들을 통해서 나를 봐야겠다 마음먹고 아들, 딸한테 생일선물로 '아빠에 대하여'란 글을 부탁했고 받았다.

그뿐 아니다. 딸이 대학교 다닐 때 내 말 한마디에 삐쳐 1년 넘게 말을 않고 지냈었는데 글로 화해를 이루어 내기도 했다. 나는 이런 내 경험을 사람들한테 이야기 해주고, 나이가 적은 사람들한테도 살아온 인생은 짧지만 '살아온 이야기'를 한 번 써보라고 잘 권한다. 남한테 보여준다 생각하지 말고, 솔직하게 있는 그대로를.

'작은책' 글쓰기 모임을 25여년 다니면서 많이 배웠지만 아직도 단락도 제대로 못 나누고, 조사니 부호니 이런 따위를 잘 모른다. 처음 글을 쓰는 사람이라면 더욱더 그런 거 생각하지 말고 쓰라고 권하고 싶다. 우선은 쓰는 것이 중요하니까. 그리고 그것을 생각하면 글이 더 안 되니까.

내 삶의 기록은 먼 훗날 나를 다시 되돌아 볼 수 있는 자산이고 역사라 생각한다. 그래서 어떠한 형식의 글을 쓰든 사람들한테 글을 써보라고 권하고 싶다. 작심삼일로 끝내지 말고 꾸준히.

이근제 | 자동차 공장 정년 퇴직 후 건설노동자로 일하고 있음

*<작은책> 글쓰기 모임 글입니다.
글쓴이가 제출한 원고는 고치지 않았습니다.

월간 <작은책>에서는 달마다 글쓰기 모임을 엽니다. 글을 쓰고 싶은데 자신이 없는 분, 글쓰기에 취미는 없지만 사람 만나기 좋아하는 분들 모두에게 열린 공간입니다.

말로 쓰는 글

진심을 담은 마음의 글

"내가 무슨 글을…." 글쓰기가 어렵게 느껴지세요? 바쁜 일상에 글 한 자 적을 틈 내기도 쉽지 않죠? 그럴 땐 휴대전화 '음성 녹음' 기능을 활용해 보세요. 술술 글이 써진답니다. 말맛을 살린 이야기가 포장하지 않은 내 진심을 담은 마음의 글에 가깝습니다. 목소리에 실린 내 마음이 여러 사람과 함께 읽는 글이 되는 경험, 지금 한번 해 보실래요?

먼저 녹음부터 시작해 볼까요?

1. 휴대전화에 있는 '음성 녹음' 앱을 실행합니다.

2. 최근 겪은 일 가운데 기억에 남는 사건, 누군가에게 털어놓고 싶은 마음을 친구나 동료, 식구한테 이야기하듯이 편하게 녹음을 진행합니다.

3. 녹음이 끝나면 파일 이름을 정해서 저장합니다. (나중에 따로 찾아서 확인하기 쉽도록 '말로 쓰는 글'처럼 카테고리 이름을 지정해 주어도 좋습니다.)

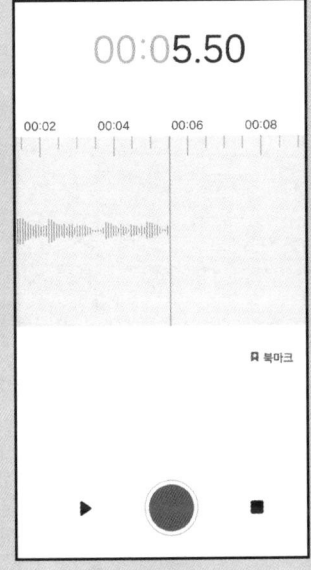
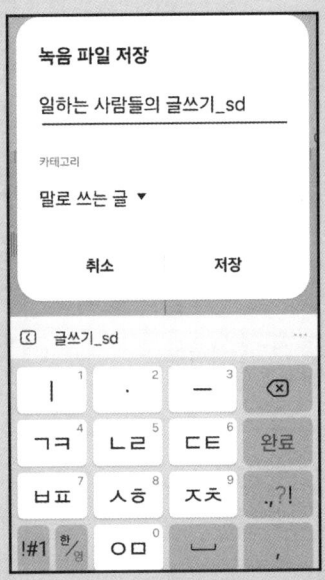

'음성 녹음' 앱으로 녹음하기   녹음 내용 파일로 저장하기

내 목소리가 글자로 바뀌네요!

1. '음성 녹음' 앱을 실행하고 화면 오른쪽 위에 나오는 '목록'을 누릅니다.

2. 글자로 바꾸고 싶은 녹음 파일 제목을 선택합니다.

3. '음성을 텍스트로 변환'을 선택해 녹음 파일을 텍스트 파일로 저장합니다.

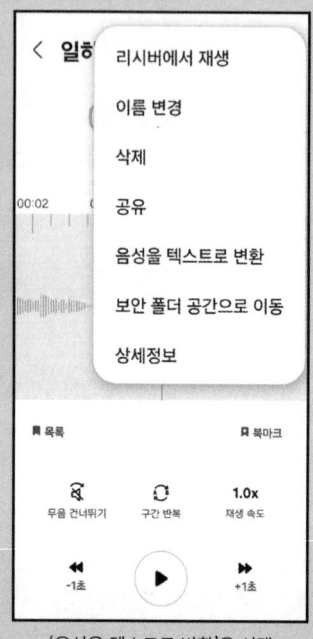 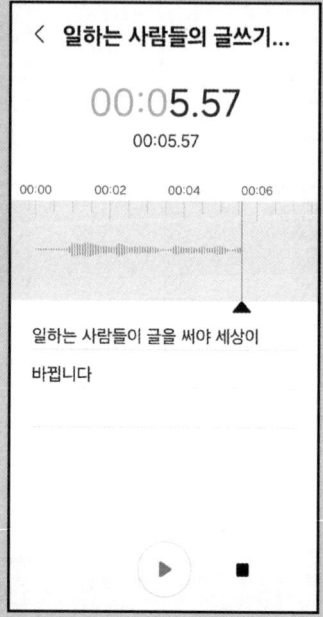

'음성을 텍스트로 변환'을 선택   녹음 파일이 글자로 바뀝니다

4. 저장한 텍스트 파일을 카카오톡 등 편한 방식으로 공유합니다. (휴대전화 기종에 따라 녹음하면서 동시에 텍스트 변환이 되는 것도 있어요.)

말로 쓴 글을 다듬어 봅니다

1. 공유한 텍스트 파일을 열어 소리 내서 읽어 봅니다.

2. 보태고 싶은 내용이 있으면 파일에 입력합니다.

3. 최종 저장한 텍스트를 SNS나 전자우편 등을 통해 식구나 친구, 지인들에게 전해 봅니다. 다른 사람들이 내 글을 보고 어떻게 느끼는지 듣다 보면 '아하! 이런 부분을 추가하면 좋겠구나, 이 내용은 빼면 더 낫겠네, 내 마음이 잘 전달돼서 시원하고 뿌듯해~' 하면서 말로 쓴 글을 좀 더 다듬어 가는 시간을 가질 수 있게 됩니다.

원고를 기다립니다

일하는 사람이 글을 써야 세상이 바뀝니다

세상을 바꾸는 따뜻한 이야기, 〈작은책〉은 바로 '당신'이 주인입니다.

진솔한 글 속에 삶이 있고 일하는 삶 속에 글이 있습니다.

힘든 세상살이, 벅찬 감동의 순간을 함께 나눠 보세요.

〈작은책〉은 독자 여러분의 작은 이야기에도 귀 기울입니다.

띄어쓰기나 맞춤법이 좀 틀리면 어떻습니까?

세상을 바꾸는 작은 시작은 일하는 삶을 다른 사람과 함께 나누는 데 있습니다. 몇 줄짜리 글도 빼곡하게 쓴 긴 글도 언제나 반갑게 맞아 소중하게 싣겠습니다.

어디로 보낼까요

1. 전자우편 sbook@sbook.co.kr
2. 홈페이지 www.sbook.co.kr '독자 투고' 게시판

　(드러내 놓기 어려운 글은 비밀글로 설정하시면 됩니다.)

작은 선물을 드려요

1. 글을 보내실 때는 이름, 하시는 일, 연락처, 주소를 꼭 알려 주세요.

2. 글을 보내 주시는 모든 분께는 그달 치 〈작은책〉 2권을 보내드립니다.

3. 〈작은책〉에 글이 실리는 분께는 6개월 정기구독권 또는 〈작은책〉에서 정한 선물 가운데 한 가지를 보내드립니다.

독자 투고

〈작은책〉과 희망을 나눠요!

1995년 노동절에 창간한 월간지 〈작은책〉

〈작은책〉은 1995년 5월 1일, 노동절에 창간한 월간지입니다. '일하는 사람들이 글을 써야 세상이 바뀐다'는 창간 뜻을 품고 지금까지 이어 오고 있습니다. 평범한 우리 이웃들이 가정이나 일터에서 겪은 일을 쓴 글로 엮었습니다. 꼭 알아야 할 시사, 정치, 경제 이야기도 쉽게 이해할 수 있도록 쉬운 우리말로 풀어썼습니다. 〈작은책〉을 읽으면 올바른 역사의식이 형성되고 세상을 보는 지혜가 생깁니다. 일하는 사람들이 이 사회의 주인이라는 이야기를 함께 나누며, 일하는 사람들의 목소리를 온전히 담는 월간 〈작은책〉과 희망을 나누어요.

정기 구독을 신청하시려면

〈작은책〉 한 권 값은 5,000원, 1년 치 구독료는 60,000원입니다. 1년 치 값을 한 번에 내는 부담을 덜고자 다달이 5,000원씩 자동 납부하는 방식으로 정기 구독 신청을 받습니다. 1년 치를 한 번에 내려면 〈작은책〉 계좌로 이체해 주시면 됩니다.

일하는 사람들의 희망 월간 〈작은책〉 독자들과 함께.

구독 문의

전화 02-323-5391

전송 02-332-9464

전자우편 doksa@sbook.co.kr

홈페이지 www.sbook.co.kr

정기 구독

만국의 노동자여 글을 쓰자
나는 고발한다, 이 참혹한 노동 현실을

2025년 5월 1일 1판 1쇄
2025년 5월 20일 1판 2쇄

엮은이 월간 〈작은책〉 **편집** 플레이오네 **디자인** 셀로판 강수정
종이 엔페이퍼 **인쇄와 제본** (주)상지사 P&B **배본사** (주)비상피앤엘

펴낸이 조혜원 **매니저** 이수현
펴낸 곳 도서출판 플레이아데스
출판등록 2024년 3월 7일 제2024-000001호
주소 (55662) 전북특별자치도 장수군 번암면 만항길 35
팩스 0504-315-7842 **메일** pleiadesbook@naver.com
블로그 blog.naver.com/pleiadesbook
▶️🅕🄸🆇 @pleiadesbook

ⓒ 월간 〈작은책〉, 2025
ISBN 979-11-989477-1-0 03300

* 책값은 뒤표지에 표시되어 있습니다.
* 잘못된 책은 구입처에서 바꾸어 드립니다.
* 이 책은 저작권법에 따라 보호받는 저작물이므로 무단 전재, 무단 복제는 법으로 금지되어 있습니다. 이 책의 전부 또는 일부를 쓰고자 할 때는 반드시 도서출판 플레이아데스와 저작권자의 서면 동의를 받아야 합니다.

겨울 밤하늘 황소자리 위에 꽃다발처럼 반짝이는 성단, 플레이아데스.
도서출판 플레이아데스는 '스스로 빛나는 별처럼' 작은 것의 큰 가치를 담습니다.